從中國影響到亞洲視野，
跨國視角下的日本史。

歷史學家寫給所有人的日本史

岡本隆司

許郁文——譯

目錄

前言　從東洋史重新檢視日本史

■全球化與「加拉巴哥化」……013

■日本史的研究現況為何？……015

■從本國史進入世界史……017

■「東洋史」的誕生與衰退有何意義？……020

■以日本史的肖像畫為目標……022

第一章　日本史從中國的「摹本」開始【古代─平安時代】

■一般的「日本史」與生態環境脫節……026

■ 歷史始於文字的出現 …… 028
■ 世界史中的邊陲日本 …… 031
■ 「日本史」的起點是西元六世紀末 …… 034
■ 漢語史料之中的日本 …… 037
■ 「無禮」的日本 …… 040
■ 從「倭國」到「日本」 …… 042
■ 佛教與中國 …… 044
■ 摹本的最終形態 …… 045
■ 不再是「摹本國家」 …… 048

第二章 脫離亞洲系統【平安時代—鎌倉時代】

■ 在地化的日本 …… 054
■ 進入自立的時代 …… 056
■ 暖化造成的影響 …… 058

■關於國風文化的通論是正確的嗎？……060
■進入地方勢力崛起的時代……062
■武家政治的起源……064
■與亞洲同步走向多元化……067
■暖化與集亞洲史大成的蒙古帝國……071
■蒙古帝國與日本……072
■元寇之後持續的「政冷經熱」……076
■日本史登上世界史的舞台……077

第三章 「日本整體大風吹」的時代【室町時代－戰國時代】

■蒙古帝國與鎌倉幕府瓦解的共通之處……082
■室町幕府的定位……084
■與明朝的關係……086
■京都的變貌……088

■層層積累的京都……090
■核心都市的京都……094
■東亞的經濟發展……096
■「宋錢」於日本流通的理由……100
■讓日本富強的「倭寇」……102
■「倭寇狀況」的各種面向……104
■居住地從山林移至沿岸地區……106
■名為織田信長的變異體……108
■以下剋上與身分制度……109

第四章

「國家」的成立【江戶開府—元祿、享保時代】

■從江戶時代進入「近世」……114
■十七世紀曾是「危機四伏」的時代……116
■分工化與開發的時代……118

■都市化與人口增加……122
■江戶、大坂、京都並立的「三都」體制……124
■都市與農村……127
■「日本人」的形成……129
■幕府原本無意「鎖國」……130
■長期經濟成長的結束……132
■因金銀枯竭而「鎖國」……134
■「國家」意識與東亞秩序的錯位……135

第五章　凝聚中的日本【享保時代—開國前夕】

■享保改革是「與中國脫勾的改革」……140
■文治政治、武斷政治與中國……142
■無法擺脫「通貨緊縮」……144
■國內產業結構的變化……146

■田沼意次的貨幣政策為什麼會成功呢？……147
■田沼政權的歷史定位……149
■松平定信的思想箝制……151
■「國學」的發展與朝廷……152
■逐漸成形的「日本人定義」……154
■農村社會的系統……156
■江戶時代真的貧窮嗎？……159
■文化核心從京都移至江戶、從菁英轉移至庶民……162
■日本文化的自立……164
■人口受到抑制的日本與膨脹的中國……168

第六章 開國與中日對立的起始【幕末—明治維新】

■十九世紀的東亞局勢……172
■日本「帝國」的誕生……173

■幕藩體制的極限……176
■貨幣政策失敗導致幕府瓦解……179
■日本有兩位「Emperor」……181
■「皇帝」與東亞……183
■透過漢語吸收西洋文化……185
■福澤諭吉的歷史定位……187
■「和魂洋才」與似是而非的「中體西用」……189
■急著簽訂《日清修好條規》的日本……192
■清朝對《日清修好條規》的期待……195
■「台灣出兵事件」所揭示的日清對立……197

第七章　與朝鮮半島相關的外交與戰爭【明治時代】

■琉球的「兩屬」與「隱瞞」……202
■「琉球王國」成為「琉球藩」……203

■琉球王國的抵抗與消滅……205
■清朝對琉球的關注……207
■日清對立的爭點在於朝鮮半島……210
■對清朝與朝鮮絕望而產生的「脫亞論」……213
■日清開戰的覺悟……216
■日俄戰爭只是日清戰爭的「延長戰」……218
■從大日本帝國轉型為「帝國日本」……220
■日本的「工業革命」與中國……221
■中國的「工業革命」由日本帶動……224

第八章　身分認同的破滅【大正時代—昭和時代初期】

■梁啟超帶來的轉機……228
■日中關係從蜜月期走向新的對立……230
■中國的變革……232

■新生的中國與對日關係……234
■新興霸權國家美國染指中國……236
■中國民族主義的高漲……237
■石橋湛山的「小日本主義」……239
■進入「亞洲主義」的時代……242
■「排斥日本」有意義嗎？——梁啟超的慧眼……244
■「王道樂土」、「五族協和」都是空洞的口號……246
■「帝國」與「皇國」的破局……248
■「一體化」的日本與「多元並存」的中國之衝突……250
■「脫亞」與「脫歐」的矛盾……252
■「民族帝國」論真的適用日本嗎？……255

結論

對當代的展望

■「帝國」的興亡……260

■ 從「皇帝」到「象徵天皇」……261
■ 回歸「崇尚舶來品」的本質……264
■「帝國」的影響至今仍在……266
■ 中日關係的十字架……268
■ 韓國的「日本觀」……270
■ 何謂東亞的穩定？……271

■ 後記……275
■ 參考文獻……281

前言

從東洋史重新檢視日本史

■全球化與「加拉巴哥化」

近年來，「全球化」、「全球主義」這類詞彙幾乎每天都在耳邊出現。在二十一世紀的現代，任何國家都必須與全世界接軌、交流與合作。即使有些國家想要奉行孤立主義或是鎖國政策，終究也無法如願。而這種情況，並不只發生在我們日本。

然而，若要問實際上日本的全球化程度有多高，恐怕答案會讓人陷入不安。儘管日本政府口號喊得震天價響，實際上仍有許多方面落後於全球，至今仍未擺脫「加拉巴哥化」

的刻板印象。

以上純屬個人觀點，不一定能反映日本的整體情況，不過，對於筆者最熟悉的學術界，在全球化方面的相關情況，或許還能進一步提出較爲具體且明確的說明。

這裡首先要提出的是，目前日本學術界的發展方向可說與全球化背道而馳，這點讓人感到憂心。由於學術研究重視獨創性，當然需要所謂的「加拉巴哥化」，也就是讓自己得以「自主演化」的意思。然而，在進入奉全球化主義爲圭臬的時代之後，卻讓人不禁懷疑，原本應該發揮原創性的研究者是否已被全球化的浪潮吞噬，導致其研究與相關知識素養也變得平庸與同質化。簡單來說，雖然每個人的描述方式或使用的語言可能不同，但說的卻是差不多的話，甚至根本是相同層次的內容。這種學問一點都不有趣，而且這種換湯不換藥，把大家都已知的事情換個說法來講，根本就不算是學術研究。

若問全球化是否能讓人們擁有更開闊的視野，或是讓研究水準提升至世界的標準，答案當然不是。筆者發現許多研究領域正逐漸被世界所淘汰，而這就是負面的「加拉巴哥化」[1]。而在這個全球化時代，或許變質最嚴重的學術領域，就是人文學科。

日本史的研究現況爲何？

日本史學恐怕也不例外。爬梳一國歷史，固然需要深入掌握其內部精細的史實，但這還遠遠不夠。進一步理解該國與世界之間關係的演變，以及其對世界所產生的影響，同樣是不可忽視的重要課題，其意義絲毫不亞於對該國歷史本身的探究。

無論是個人還是集體，內部與外部不是彼此分離的。要想徹底了解內部，便不能忽略與外部的關聯；而若不了解內部，就不可能眞正掌握與外部的連結。國家也是一樣，只有同時了解內部與外部，才能知道國家的來龍去脈，也才能眞正理解其發展脈絡及當前在國際社會中的定位。

但筆者發現，現行的日本史研究往往不是如此，總給人一種「以管窺天」的感覺，只

1 編註：「加拉巴哥化」（Galápagosization）一詞源自東太平洋的加拉巴哥群島，島上動植物因地理隔絕而演化出獨特樣貌。此詞引申爲某國產品、制度或文化在封閉環境中獨自發展，雖具特色卻與國際標準脫節。常用來形容日本科技或制度難以全球化的現象。

將焦點集中在日本這個國家的內部，然後沿著歷史脈絡依序列出「曾經發生過哪些事情」而已。

筆者總覺得，這很像是在讀「履歷表」。任何人之所以能夠在這個世界出生，一定有父母親，也一定有祖先；而他會在學校學習，進入社會後從事某些工作，而在這段過程中，應該都會經歷過各種人際相遇、啓發與轉折。然而「履歷表」上完全不會記載這些內容，只會依序列出「畢業」或「任職」等人生大事，感覺就像這個人順理成章地一步步成長起來。至於履歷表的格式、撰寫方法、題材與內容也幾乎大同小異，趨於平庸，看不到「加拉巴哥化」的獨創性。

市面上的日本史也有同樣的問題，日本這個國家彷彿自古以來就理所當然地存在，各種事件也幾乎都只在國內發生與結束。若以這種方式書寫日本史，誰來寫都差不多，也的確比較容易順應當今全球化的潮流。

話雖如此，要研究日本史當然不能只把焦點放在日本。比方說，在「遣唐使」的歷史之中，就不得不提及中國的唐朝；在探討「元寇」的歷史時，就一定會涉及蒙古這個外國。然而，主題與主語終究還是日本，這些外國通常只被視爲跑龍套的配角，很少有人深入外國本身的歷史脈絡，進而重新審視日本的歷史。

如果稍微轉換視角，的確可能從不同的角度來論述「遣唐使」或「元寇」的歷史，但筆者完全看不到有人眞正關注這一點，這正是所謂「加拉巴哥化」的體現。

從本國史進入世界史

話說回來，日本人對「日本」這個國家或是歷史感到興趣，其實也不是什麼太久遠的事情。

若問最古老的史書是哪一本，根據日本東洋史學先驅內藤湖南[2]的說法，應該是鎌倉

2 編註：內藤湖南（一八六六—一九三四年）是日本東洋史學的重要奠基者，擅長中國中古史、文化史與文學研究，並提出「宋代近世說」，主張中國的近世起於唐宋之際，對東洋史研究具有深遠影響。他也是京都帝國大學文學部教授，致力推動歷史學的現代轉型。

時代初期的《愚管抄》或南北朝時代的《神皇正統記》。再往前推算的話，應該是《日本書紀》或六國史這類官方史書，但這類史書的刊行動機或關注重點並不相同，因此不包含在這裡討論的範圍內。

這些官方史書主要記載天皇家或相關人士的事蹟，算是宮廷史或王朝史的一種。再往後一點時代的史書，則有知名的水戶光圀[3]著手編撰的《大日本史》，但說到底，這還是模仿中國史書編撰的作品，基本上還是王朝史。當時，若要讀到具有體系性的歷史著作，幾乎只有漢籍，也就是中國的史書。可以說，當時的日本人還未眞正開始思考自身的歷史。

許多日本人開始從現代國家或現代社會的角度思考日本歷史，是在江戶時代中期的「國學」興起之後。另有一說認爲，大衆之所以開始對歷史有一定程度的認知，是因爲江戶後期的儒學者賴山陽[4]所著的《日本外史》成爲暢銷書的緣故。如果這種說法屬實，那麼日本人不過是從兩百多年前才開始關心自己國家的歷史。

進入明治時代之後，日本打著文明開化、富國強兵的口號，企圖轉型爲西方式的「nation state」（民族國家）。因此，日本人認爲有必要效法西方，建立全體國民共享的國家歷史，也就是所謂的「national history」（國族史）。從此，日本開始發展出「歷史學」作爲一門學科，並依照這套學術體系教導國民歷史，以喚起對集體過去的認同，強化「我們是同一國的國民」的共同意識。

當時的英國有自己的國族史，德國也有屬於自己的國族史。直到今日，歷史學或歷史書寫雖然還是以本國為主，但是當時的歷史學可是毫不避諱地將本國置於敘述核心。因此，從過去到現在，幾乎每個國家的「國族史」都容易流於「自說自話」。畢竟這種書寫方式，本就是寫給「國民想要了解與分享的歷史」。然而，僅止於此難免流於狹隘，更無從掌握本國與外部世界的關聯，以及自身的國際定位，所以我們才需要關注超越本國的歷史，也就是所謂的「世界史」。

3 編註：水戶光圀（一六八二—一七〇一年）是江戶時代初期水戶藩的第二代藩主，以學識淵博、崇尚儒學著稱。他最著名的成就是發起編纂《大日本史》，以儒家史觀整理日本歷史，確立了以天皇為中心的正統史觀，對後來的國學與尊王思想影響深遠，是「水戶學」的開創者之一。

4 編註：賴山陽（一七八〇—一八三二年）是江戶時代後期著名的儒學者、歷史家與文人，出身廣島藩儒家世家。他以通俗筆法撰寫歷史著作《日本外史》，敘述從源賴朝到德川家康的武家興衰，深受讀者歡迎，成為當時的暢銷書。該書強調尊王思想，對幕末維新運動中的尊王論與國民歷史意識有深遠影響。

■「東洋史」的誕生與衰退有何意義？

西方的世界史不僅涵蓋外國史，同時也構成了本國的歷史。比方說，要研究英國史就無法不提及法國史或日耳曼民族史，因爲這些國家彼此交織，而且共享基督教信仰與文化背景，因此「西洋史」也就自然包容了各國的本國史，成爲一套彼此連結的整體敘述。此外，由於西方列強曾經稱霸世界，所以「西洋史」也就順理成章地延伸爲「世界史」。

因此，當西方國家討論本國史時，一定會納入世界史；因此本國史也就自然而然地成爲世界史的一部分。從本國史、「國族史」緩緩過渡到鄰國史、外國史、西洋史，再擴展爲世界史。以西方的歷史學而言，光是這樣的結構就已經相當充實。

然而日本的情況卻不是這樣。不管如何深入挖掘日本史，都挖不出宏觀的世界史，就算偶有外國登場，終究還是只會從日本角度加以描述，幾乎不重視對方的客觀脈絡。而在西方版本的「世界史」中，不僅未提及日本，甚至未提及整個東亞。

爲此，內藤湖南等人創立了「東洋史學」這門學問。明治時期的日本人本就熟悉漢學，對中國史書與史實有相當理解，因此他們才意識到有必要建立一套屬於東洋的「世界史」

框架，用來區別以西洋為中心的世界史，藉此重新審視日本，並嘗試建構一個東西融合的世界史。光是從這一點，不難窺見當時的日本人對於歷史學、世界史與日本史之間的落差有多麼苦惱，也多麼認真地的想要重新探究自身在其中的定位。

尤其是中國作為東亞舉足輕重的存在，不論從空間或時間上來看，若忽略了中國的歷史，就無法理解日本的整體定位。一直以來，中日兩國隔著日本海遙相對峙，不斷地彼此影響，從未斷絕。

如果能透過東洋史學來說明中國與東亞的歷史世界，就能從這些關聯性中描繪出日本的樣貌，進一步的定位日本在整個世界中的位置。這正是當初許多學者在建構日本歷史學之際的共識。因此當時除了大學之外，在中等教育也設有「東洋史」與「西洋史」兩門課程，並重視它們與日本史之間的銜接。

不過在第二次世界大戰之後，這兩門課程被整併為「世界史」，導致東亞世界在中等教育中的比重明顯下滑。雖然「東洋史」在大學中勉強存續，如今也幾近崩解，更像是瀕臨絕種的稀有物種。換言之，日本人已慢慢淡忘前人構建的東亞視角，也正在失去連結日本與全世界的關鍵線索。前面提到的「全球化」與「加拉巴哥化」乍看之下互相矛盾，卻恰恰說明了當前日本人以及日本史學的現況。

以日本史的肖像畫爲目標

話說回來，「國族史」這種史觀本來就容易陷入只從本國立場解釋自身歷史的侷限，一方面資料豐富、語言相通，另一方面則是貼近日常生活，充滿各種屬於冷知識的趣味話題，當然更容易理解與引起共鳴。然而反過來說，這種史觀也很容易讓人劃地自限，逃不出自我封閉的象牙塔。

不過，就如「見葉不見樹、見樹不見林」的道理，若是所有注意力都被眼前瑣事與周遭細節所吸引，便容易忽略整體與全局。這種情況在日常生活中算是司空見慣，歷史學也不例外，尤其是日本史，這種傾向更是顯著。

其實這不是最近才出現的現象。早在過去，內藤湖南就曾批評那些眼光短近、不顧外國歷史，只在乎日本國內瑣碎史實的研究者爲「低能的國學者」。這種批評固然嚴苛，但是從他作爲創立東洋史學者的立場來看，或許是因爲自身的學術研究與重要性未能被理解所引發的焦躁與無奈。筆者身為同樣研究東洋史的後輩，實在是深有同感。

日本史不同於西方各國的歷史，背負著難以與世界史接軌的宿命。而鄰近的中國懷抱強烈的「中華意識」，自以為是世界的中心，對其他國家可說是漠不關心。因此，日本史從一開始便由於這種結構上的限制，很難與鄰近的東洋史建立緊密連結，更遑論擴展到廣大無垠的世界史敘事之中了。

換言之，日本人若不付出額外努力，就難以理解中國對日本的觀點，也難以掌握世界對日本的定位。不管是學習日本史、東洋史還是世界史都是一樣的，如果不多提醒自己，不強迫自己跨出舒適圈，就會變得只在意枝微末節的瑣事，「加拉巴哥化」的問題也會變得更嚴重。正因為我們身處全球化的時代，更應該克服上述的「先天障礙」，如果一直停留在「低能」的狀態，就難以真正與世界接軌。

有時候，相較於精緻細膩的自畫像，筆觸粗糙的肖像畫更能準確捕捉模特兒的人物本質。對筆者這樣一位專攻東洋史的研究者而言，要描繪出日本史學者那種精細的歷史圖像，實屬不易。但或許，這樣反而能描繪出他們未曾描繪、或無法描繪的日本史肖像。而本書，正是以這樣一幅肖像畫為目標所完成的。

日本在外國、全世界的眼中是何等樣貌？雙方建立了何種關係？又是如何彼此影響？本書將從這種全球尺度的東洋史、中國史，乃至整體亞洲史爲媒介，重新審視日本史的內容，逐步展開論述。乍看之下，這似乎是在繞遠路，但一如前述，這也是日本人避無可避的「先天障礙」吧。

正是透過這樣的嘗試，我們才能從客觀且俯視全局的角度，重新認識並描繪日本的樣貌，並重新審視至今仍存在摩擦的日中、日韓關係，反思過去、展望未來，放眼彼此的未來，這將有助於我們思考日本在未來的世界中應有的姿態與角色。

日本史は中国のコピーから始まった

第一章 日本史從中國的「摹本」開始

【古代—平安時代】

一般的「日本史」與生態環境脫節

在探討中國與日本的歷史之前，讓我們先簡要地審視作爲雙方歷史舞台的歐亞大陸。想必不用在此多加說明，大家都知道人類的歷史本來就深受自然地理環境的影響，中國與日本當然也不例外。

歐亞大陸是全世界面積最廣袤的大陸，概略來看，這塊大陸存在著兩種自然環境，分別是沿海地帶的濕潤氣候與內陸的乾燥氣候。一般來說，環境不同，其居民的生活方式也會截然不同。

濕潤地區的農耕發達，穀物可以不斷生產，所以居民可採行定居生活；反觀乾燥地區仰賴家畜提供生活資源，畜牧成爲主要生活方式，因此居民得持續逐水草而居，過著遷徙生活。換言之，自然生態的不同孕育了農耕定居與草原遊牧這兩種對照鮮明的人類生活形態。

尤其在東洋史中，中國歷史最能眞實呈現這種二元結構，幾乎可說整部中國史都貫穿著農耕民族與遊牧民族之間的角力與爭鬥。除了中國之外，像是遠東地區、印度乃至整個歐亞大陸的多數區域，或多或少都有過相似的歷史路徑。

然而，在一般常見的日本史敘述中，這樣的前提幾乎被完全忽略。照理說，日本史應該受到中國文明與其背後的生態環境影響，但實際上，人們卻往往將日本史視爲發生在另一個獨立空間世界的歷史敘事，這是一個值得正視的重要問題。

其實，在西洋史或歐洲史也有相同的情況，所以日本史與西洋史在敘事框架上顯得親和性高，卻也與亞洲史、中國史產生了根本性的落差。這樣的差異，也深深反映在世界史的書寫或理解方式之中。

因此，若我們能從中國史的視角重新審視日本史，便有可能跳脫傳統日本史的視野，勾勒出截然不同的歷史敘事，這正是本書的核心目的所在。

東洋史學的先進宮崎市定曾在其著作中指出，「找出不存在的部分」這件事有多麼重要。傳統「日本史」中，農耕與遊牧的對抗、城邦體系或騎馬民族等要素幾乎完全缺席；但若我們對這些欠缺視若無睹、任其保持空白，日本這個位於亞洲的國家，其歷史將難以在東洋史、亞洲史甚至是世界史中找到清晰的定位。

此時，我們應當將那些在中國史中佔有關鍵地位，卻從未出現在日本史中的現象，視爲一種「負片」（negative）。接著，暫時將這些「負片」反轉爲「正片」（positive）[1]，設身處地去想像若這些現象出現在日本會如何，再回過頭重新思考它們缺席的意義。透過這樣的思辨歷程，或許我們便能重新發現，那些長久以來未曾被述說的日本與日本人的歷史軌跡，也將逐漸浮現眼前。

歷史始於文字的出現

農耕定居與草原遊牧這兩種不同的生活群體，若彼此距離遙遠，當然能夠過著互不干涉、互無來往的生活。但是當這兩種群體的生活範圍鄰接，雙方就不可能完全隔絕。生活形態各異的雙方互相接觸後，勢必會產生齟齬與糾紛，同時也會對彼此擁有的產物，心生羨慕與需求。因此，遊牧世界與農耕世界的邊界上，開始出現了交換、競爭甚至掠奪的互動，而所謂的「文明」正是在這種角力與交流中孕育而生。

話說回來，若缺乏文字或文獻，歷史便無法加以系統化整理。換言之，若要追溯文明的起源，就必須牢牢掌握文字的誕生。

人類若只是要組成群體或是創建社會，無論是農耕定居還是草原遊牧，皆有可能達成；而若只是傳承生活技能與生計方式，只需透過模仿與口耳相傳即可，未必需要文字。

然而，一旦在邊界與出身、環境不同的人產生接觸，無論是進行以物易物的交易，還是處理衝突紛爭，都會促使人們建立一個穩定的據點，也就是聚落。到了這個階段，人們便會需要一種能夠傳遞意義、保存記錄的工具，而這項工具就是文字。

事實上，西亞的東方文明、印度文明或中國文明都誕生於這類邊界地帶，並在此孕育出文字。接下來，爲了保存與繼承這些文字資料，人們組織了制度與機構，隨著這些組織累積權力並擴張勢力，國家形態也就此成形。

換言之，國家權力的基礎，就奠定於對交易與紛爭的處理能力，以及相關資訊的記錄。正因如此，楔形文字與漢字出現在遊牧與農耕交界的聚落，字母文字誕生於海岸邊的貿易

---

1 編註：此處所謂「正片」、「負片」原爲攝影術語，分別指相片沖洗過程中的陽片與底片。在本文中作爲隱喻使用，「負片」象徵歷史敘事中被忽略、缺席的事象，「正片」則象徵那些已被觀看、理解或具體化的內容。

前線，恐怕都不是偶然的巧合。相反地，更應該說，擁有文字與記錄能力的人，也就掌握了取得與行使政權的基礎條件。

順帶一提，除了文字與權力之外，統治人民還需要信仰與宗教，因此宗教組織或是宗教經典隨之產生，具有宗教權威的文字也在這種相輔相成的過程中不斷壯大，並在歷史長河中持續傳承。例如伊斯蘭教的阿拉伯語、基督教的拉丁語、儒教或佛教所使用的漢字之所以能夠流傳至今，正是因爲它們承載了這樣的權威與意義。

總括來說，正是因爲遊牧與農耕兩大世界在交界處的相遇，催生了聚落、文字、權力與宗教，最終形塑出國家的形式，也成爲「文明」的開端。文明的起點，正是來自農耕定居與草原遊牧這種二元世界與其邊界互動的歷史背景。

東亞史的出發點也是如此，源於農耕與遊牧世界的邊界地帶。絲綢之路的東端所延展出的可耕作平原，成爲此一邊界，並在此形成聚落。這些聚落逐漸展開相互交流與交易，歷經無數次糾紛與戰爭，最終發展爲黃河文明。

當來自不同生態環境與生活方式的人群開始互動時，光靠語言溝通並不足以因應持續而廣泛的交流需求。此時，就必須發展出能跨越語言、延續時間的書寫與記錄手段，於是文字誕生，進而發展爲漢字文明。漢字文明的空間隨之拓展，不僅覆蓋整個中國，也傳播至域外，這便是中國古代史最根本的脈絡。

世界史中的邊陲日本

接著，讓我們試著對照地圖，進一步理解上述內容。

本書所使用的圖像，曾經出現在前作《歷史學家寫給所有人的中國史》，但這次爲了貼合「日本史」的主題，對圖像做了些許調整。圖 1-1 是根據梅棹忠夫的「文明地圖」概念加以改繪而成。這張示意圖告訴我們：亞洲被險峻的山脈、寸草不生的沙漠等地形

圖 1-1｜梅棹忠夫的文明地圖

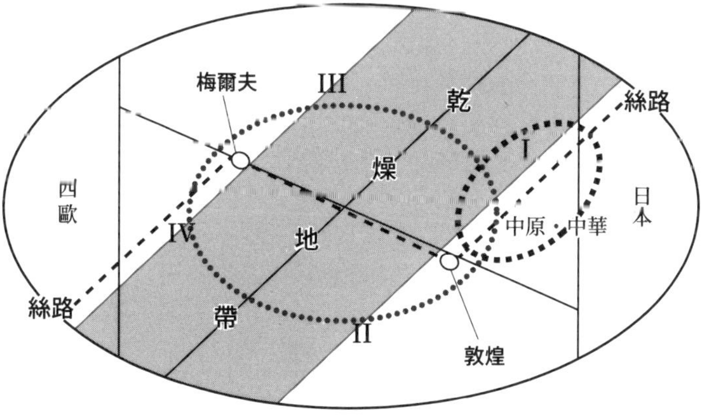

（出處）根據梅悼（1974）繪製。

圖 1-2 ｜歐亞大陸的文明區劃與絲綢之路

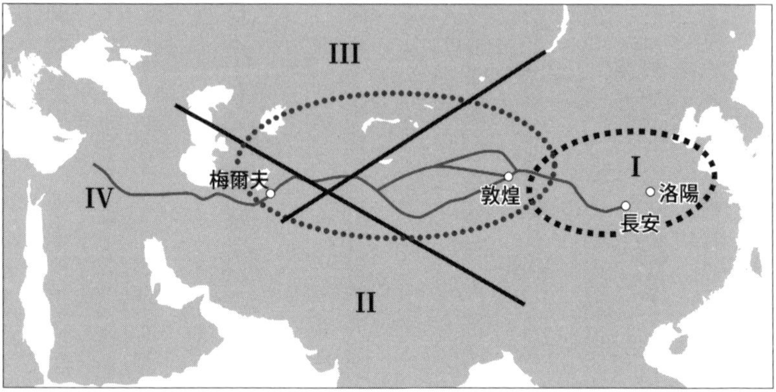

（出處）岡本，2019［a］。

地貌，劃分爲東西南北的不同區塊，而每個區塊中，同時存在乾燥地帶與農耕世界，形成了所謂的二元結構。貫穿這些區塊邊界的，就是衆所周知的絲綢之路。而將這些概念落實爲實體地圖的，就是圖1-2。

我們應該注意的是，西歐位於這張地圖的西側邊陲地區，而日本位於東側邊陲地區。若以亞洲爲中心的視角來看，兩者皆屬於邊陲地區，然而雙方的地理條件迥異，因此所走過的歷史路徑也截然不同。

亞洲的西側出現了「東方文明」[2]，交通與交易也蓬勃發展，最終誕生了如阿契美尼德王朝——波斯帝國這類的大帝國。

而在這個東方文明的西端，隔著海洋，也

存在另一種二元世界。「黎巴敘利商人」這個詞所指的腓尼基人，便是以今日的黎巴嫩與敘利亞爲據點，憑藉他們在大陸上累積的貿易經驗，逐步拓展至整個地中海沿岸，建立起衆多城邦。

東方文明也因此傳播到了當時仍屬落後地區的希臘與羅馬。此後的發展衆所皆知——地中海文明蓬勃發展，羅馬帝國應運而生，西歐也自我定位爲羅馬的繼承者，進而形塑自身的文化與歷史。換言之，西歐文明的形成可視爲東方文明發展脈絡中的一環，而傳統世界史與西洋史也普遍採取這種敘述方式。

相對地，在亞洲東側，東方文明沿著中亞傳入中國，最終孕育出黃河文明。因此，從時序來看，羅馬帝國與黃河文明具有某種並行的發展軌跡。

然而，若問東方文明是否也像西方一樣跨越海洋傳入日本，答案是否定的。地中海與中國東海（或東亞沿海）的歷史條件與交通狀況截然不同。

2 編註：此處的「東方文明」（Orient civilizations）採西方史學的傳統用法，主要指古代西亞（中東）地區，包括美索不達米亞、埃及、波斯等地的早期文明，並不包含印度或中國。

日本雖然受到黃河文明的影響，但與古代東方文明經希臘、羅馬傳承至西歐的情況不同，日本與黃河文明之間並未形成直接而連續的承襲關係。正因如此，日本在整體文明的歷史進程中難以順利銜接核心脈絡，顯得相對孤立。這樣的發展落差，也對日本後來的歷史進程帶來深遠影響。

「日本史」的起點是西元六世紀末

話說回來，日本的歷史到底落後多少呢？

前面提到的宮崎市定提出了「世界史略年表」（圖1-3），這一張以歐洲史的時代劃分爲基準，來比較東亞與西亞歷史的示意圖。從中可以看出，無論是「古代」還是「中世」等歷史時期，雙方的歷史變化大致是並行發展，只是前後時間有所出入。

例如，西亞的「古代」，對應的是最古老的東方文明興盛時期，也就是波斯帝國的興起與滅亡。同一時期，東亞出現了黃河文明，而地中海世界則在東方文明的影響下，形成了各個城邦。東西雙方在相對較晚的時期，則各自建立與波斯帝國規模相當的秦漢帝國與

圖 1-3｜世界史簡略年表

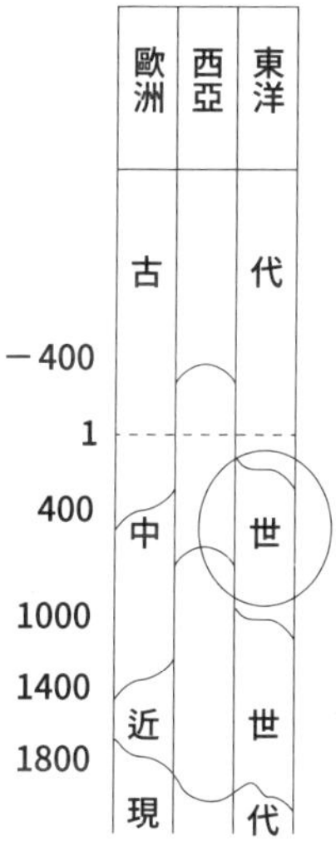

（出處）宮崎，2015。

羅馬帝國。

然而，這兩個帝國都未能長期維持統治，最終瓦解。宮崎市定認爲，這樣的歷史循環可稱爲「古代」。以中國爲例，從黃河文明興起，歷經春秋戰國時代，再到秦始皇統一六國、建立秦朝。接著是漢朝的建立與發展政權，最終直到漢朝崩解、進入三國時代，這個轉折點正是「古代」與「中世」的分水嶺。大致對應的時間點爲西元三至四世紀。

差不多就在這時期，日本才首次進入中國的歷史視野。大約在西元三世紀末，漢朝滅亡、三國鼎立，此時成書的《魏志倭人傳》首次出現「倭」這個名稱，或許當時的日本列島已出現引起中國注意的動向。

不過，這僅僅是中國的記錄。當時的亞洲唯有中國擁有文字，日本列島上的人民則未留下任何具有自主意識的書寫記錄。這也就意味著，當時既沒有人能用文字表達自己的立場，也沒有對象能回應或產生文字上的互動。

若依循前述的定義，當時的日本還稱不上是一個國家，即便可能以存在某種統治組織，但缺乏史料佐證，也就無從證明。

日本開始留下自主意識的書寫記錄，是在西元六世紀末，可以說是到了這個時候，日本才真正建立起負責國內治理與對外關係的組織。即便此前可能已有某種政治架構，我們也只能認為，當時已被這套新體制所取代。

換言之，日本古代的歷史經歷了兩個階段才真正開始。第一階段是西元三世紀，在中國史料中以「倭」的名稱出現；第二階段則是在西元六世紀末，日本開始留下自主書寫的歷史。這兩個階段的意義完全不同。

由於中國史書是用漢語撰寫，因此其對於日本的記載可信度並不高。衆所皆知，即使是比較晚近、針對本國的記述，也常含有誇張或虛構，更遑論遠古時代對隔海他國的觀察與記錄。因此，不論是「漢委奴國王」的金印，還是《魏志倭人傳》，都只能視為參考性的史料。

更何況，若以這些片段記載作為分析日本史的依據，其實意義不大。例如關於「邪馬台國」、「倭五王」或「大和朝廷」的諸多爭論，亦屬此類。

因此，眞正具系統性的日本史，應從第二階段的六世紀末開始計算。即便在《日本書紀》與《古事記》中，有許多回溯神話，甚至可說「捏造」歷史的部分，但那正說明當時的日本已有作爲國家的意識，試圖透過建構歷史來主張自身的正統性，這樣的解讀反而更具意義。

這樣的歷史建構，與中國史書中對日本的單向認知形成強烈對比。正因如此，兩者相互對照，反而能幫助我們理解當時的實況。因此，唯有從六世紀末之後，我們才能眞正系統性地理解日本的歷史。

漢語史料之中的日本

換個角度來看，只有當國家及相應社會結構逐漸形成，才會出現保留記錄的意識。最初日本並無文字，直到漢字文明自中國傳入，才對日本產生深遠影響。然而，如果全盤接受中國文化，就可能被中國同化，於是日本發展出萬葉假名與和漢混淆文[3]，藉此與中國劃清界線。這才是日本首次有能力進行自我陳述與主張。站在中國的視角來看，雖然這樣的發展無疑是大幅地落後，但這正是日本文明的黎明時期。

讓我們對上述內容，進一步的具體說明吧。

中國史料中對「倭」或「倭奴」的記載，最早見於西元一世紀成書的《漢書》〈地理志〉，而於三世紀成書的《三國志》〈魏志倭人傳〉則提供了稍多一點的描述。不過正如東洋史學者岡田英弘所指出，中國歷史文獻主要是服務於統治者的工具，其記載充滿主觀與任意性，很難視為客觀的歷史事實。我們能夠確認的，大概只是東方海域有個名為「倭」的政權存在而已。

此外，五世紀成書的《宋書》中，也記錄了「倭五王」的相關資訊。當時中國已歷經「三國」時代，進入南北朝分裂局面。自三世紀起氣候轉寒，北方遊牧民族紛紛越過長城南下，各自建立政權，中原與華北地區因此出現多元化的局面，這樣的趨勢也逐漸延伸至邊疆的半島與列島地區。

至於南方長江流域的「江南」，則有由漢人建立的諸王朝此起彼落，其中的宋朝似乎與同樣參與多元秩序的日本與朝鮮半島有所往來，這在《宋書》中亦有記錄。

然而這些記載，終究只是中國單方面依自身立場與文筆書寫的歷史文本。雖然記下了彼此的主張，但從中無法真正理解雙方實際的關係，更遑論進一步的臆測。

即使氣候寒冷化確實對中國、東方與歐洲造成重大影響，日本應也不可能毫無所感，只是當時尚未進入有記錄的歷史階段，因此無從加以驗證。

唯一可以確定的是，當時的日本已是中國所認識的存在。換言之，在西元五至六世紀之際，日本應已孕育出構成國家基礎的某種組織。

真正讓人感覺日本邁入國家階段，進入不同發展層次的，是從六世紀末隋朝開始的時代。由於氣候寒冷加劇，統治體系被迫重組，隋正是在這樣的歷史轉型中誕生。

中國進入了歷史發展的第二階段，而仍處於第一階段的日本則深受其影響，並開始仿

3 編註：和漢混淆文（わかんこんこうぶん）是現代日本語書寫形式的前身，發展於平安時代後期，特徵在於融合了和文的語法與表現方式，與漢文的詞彙與格式。需特別強調的是，它並非單純的「漢字假名混寫文」，而是一種有意識地將漢文訓讀體與平假名創造出的日本語語序、語感融合起來的文體，代表作包括《今昔物語集》、《徒然草》、《方丈記》、《平家物語》等。

效中國建立起自己的國家體制。「遣隋使」正是這段歷程的象徵，而「大和朝廷」與「律令制度」也正是在模仿中國制度的基礎上產生的產物。

■「無禮」的日本

若根據前面提到的宮崎市定老師所製作的「日中時代對照表」，中國的「中世」對應的是隋朝與接續的唐朝，而同時期的日本則被歸類爲「古代」（圖1-4）。西元七一〇年，日本模仿中國首都長安，在奈良建造了平城京；當時的中國，正值玄宗皇帝與楊貴妃活躍的唐朝全盛時期。日本直到十二世紀末的鎌倉時代，才邁入「中世」時期。

儘管「古代」、「中世」這些概念在當代學術上仍有討論與修正空間，但可以確定

圖 1-4｜日中歷史時期對照表

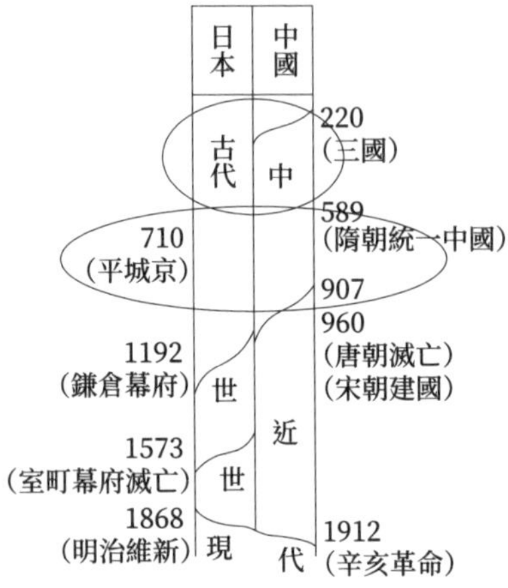

（出處）宮崎，2015。

的是，日本的發展歷程的確較中國「落後一圈」，希望大家不要忘了這件事。

記錄隋朝歷史的《隋書》中有〈倭國傳〉。顧名思義，「倭國」就是與日本有關的記錄，其中也提到了日本聽聞中國佛法興盛，便派遣使節前來學習一事。

這段記錄中出現了那句廣爲人知的「日出處天子致書日沒處天子無恙」。根據記載，隋朝對此相當不滿。

這是因爲，不僅將中國皇帝稱爲「天子」，連自國的統治者也以「天子」相稱，這樣的表述違反了漢語書信的用法與禮儀規範。從這句話可以明顯看出，「倭國」對中國所採取的交流態度，也反映了後來日本天皇體制與外交姿態的起點。

當然，這仍是隋朝的片面記錄，未必能與後來的日本歷史直接銜接。但隋朝是歷經三百年分裂後重新統一的政權，其對日本的態度也展現出作爲一個國家的明確立場。儘管批評日本稱「天子」爲無禮之舉，卻仍未斷絕來往。雖然無法確知雙方實際交涉內容，但可以看出雙邊關係與立場未出現明顯改變。從這層意義來看，《隋書》仍是值得參考的重要史料。

從「倭國」到「日本」

《隋書》〈倭國傳〉將日本稱爲「倭國」，而到了記載七世紀初唐朝歷史的《新唐書》則改以「日本」稱之。換言之，當時的中國將倭國與日本視爲不同的國家與政權。從這一時期開始，日本國內的記錄也能與中國史料相互對照，使《新唐書》的史料價值大爲提升。

從這些史料中最能確定的一點是，日本國家的形成過程，徹頭徹尾都受到外部影響的推動。放眼世界史，國家發展受到外來衝擊並不罕見，中國史亦是如此，但在古代日本的國家形成中，這一點尤其明顯。

唐朝重新統一了因寒冷氣候而變得多元化的中國，掌握了整合的經驗。換言之，唐朝以普遍適用的統治系統，整合並吸收了那些在逆境中發展出自身體制的地方政權或族群，進而擴張爲大一統王朝。

唐朝除了吞併中國境內的小國家，還想吞併位於北方突厥語族群的強大國家突厥，以及位於東邊的高句麗、新羅以及其他周邊國家，這些周邊國家當然也會摸索對策，避免自己被唐朝吞併。

此時的日本當然無法隔岸觀火，於是急著整頓政權，奠定體制，以便因應來自唐朝的壓力。這一轉捩點便是七世紀中期的「白村江之戰」。當時日本派兵支援即將被唐新羅聯軍擊潰的百濟，但最終戰敗，百濟滅亡。

失去朝鮮半島這道緩衝地帶後，日本被迫直接承受來自唐朝的壓力。雖然不清楚是否已存在軍事威脅，但是最常往來的朝鮮半島已納入唐朝的勢力範圍，日本感到自身安危也屬情理之中。

因此，日本不得不採取對抗措施，全面引進中國制度。這不僅包括學習唐朝的律令制度，還涵蓋宗教、文字，甚至在都城與寺院等建築上也以唐朝爲範本。這也象徵著，「日本」終於開始建構屬於自己的國家。

這種情形不只發生在日本，唐朝周邊的國家也或多或少出現了類似現象。換言之，東亞各地紛紛出現唐朝的摹本國家，而我們過去將這些國家統稱爲「東亞世界」。不過，沒有國家能完美地複製唐朝的一切，正本與摹本當然會有所差異，而這些差異也正好展現出各國的特色與個性。

■佛教與中國

比方說，中國原本就有儒教與漢語文明。當佛教從印度傳入時，攜帶著完全不同的思想與語言，佛典也被翻譯成漢語，藉此帶來文明上的轉變。隨之而來，便有人希望依循佛教建立新的統治體制，因而使得原有與新來制度之間出現微妙的互動關係。

律令制度正是這種情況的代表。佛教作爲外來宗教，而律令則早在佛教傳入之前便已存在，是中國的傳統制度。其中，「律」是從儒教的「禮」轉化而來，賦予其強制力，成爲法律；而「令」則原指君主的命令。換言之，律令的形成與佛教無關，自古以來就是中國政治的基礎。

尤其是在北朝開始、於隋唐時期完成的律令體制，又稱爲「古典國制」，是以數百年前的制度爲範本所建立的。在這體系中，即使有佛教的影響，也非常淡薄。

然而佛教一旦傳入，不只廣泛影響社會，也深入政府與國家體系，更普及於周邊國家，成爲一種國際性的普遍現象。

因此，如何將佛教教義與傳統律令結合，用以施政、統治社會、維持內外秩序，成爲唐代的重要課題。這正是本土制度與外來思想的激烈交鋒。

唐朝前期多位知名君主之間接連發生政變，也許可以從這個脈絡來理解。比方說，中國史上唯一的女帝武則天，使唐朝一度中斷，並以佛教意識形態重新建構統治體制；其後玄宗再度重建律令體制，試圖恢復唐朝秩序。

摹本的最終形態

另一方面，儒教與佛教同時從唐朝傳入日本，但當時的日本並未像中國那樣感受到其間的矛盾。照理說，中國在翻譯印度語的佛典時，應該耗費了不少心力，克服了不少障礙，但是日本卻直接沿用了漢譯佛典，毫不猶豫地接納了佛教。

前面提到的《隋書》〈倭國傳〉也記載了倭國派遣使節來華的原因，例如「仰慕海西菩薩天子」即是理由之一。此時正值隋文帝振興佛教之後的時期。從中國的角度來看，佛教也是連接隋朝與日本的紐帶。這樣的情形推測不僅限於日本，因此中國對佛教的處理方式確實值得關注，但若僅以日本為觀察對象，則無法窺見其中微妙之處。

圖 1-5 ｜唐代長安城

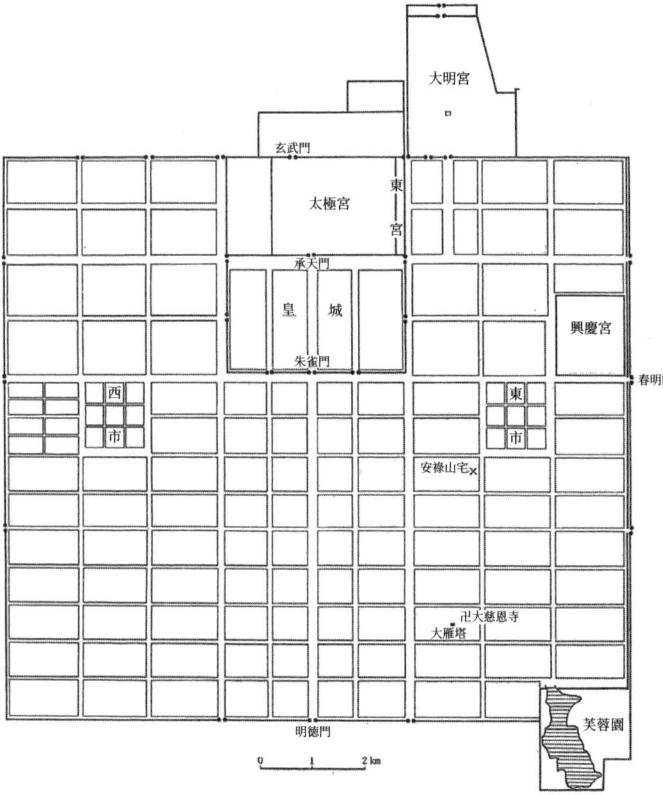

佛教傳入日本列島之後，當然也會與在地文化互相傾軋，甚至有可能成爲某些政爭的導火線。不過，當時的日本幾乎毫無阻力地接納了外來的事物與制度，就連制定、實施律令以及信奉佛教，也不像唐朝那麼煩惱。總之就是先單純地模仿唐朝即可。

然而，由於當時

圖 1-6 ｜平安京復原圖

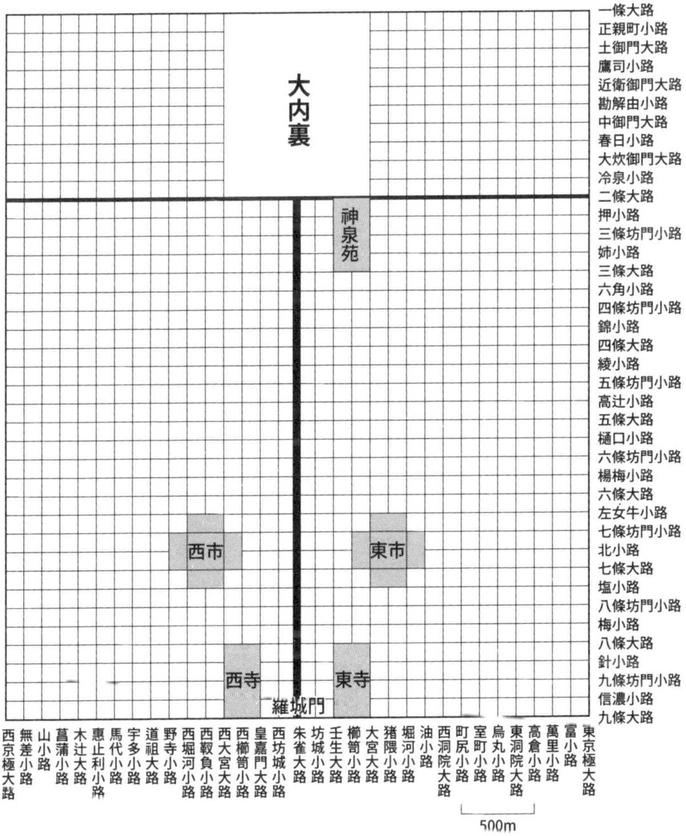

日本的政治與社會情勢，以及發展方式與階段皆與唐朝截然不同，因此仿效的結果各有差異，最終也出現僅靠複製已難以應付的狀況。

其中最具象徵意義的，便是平城京與平安京的建設。最初日本是打算模仿唐朝的長安，但規模卻遠遠不及。畢竟日本原來就沒有像長安那樣具備城廓的都市，因此所模仿者僅止於外觀形式（圖1-5、圖1-6）。

平安京建立後不久，地勢低窪的右京逐漸荒廢，連當初仿效的原型也慢慢消失。如後文所述，經歷豐臣與德川時代後的今日京都，早已成爲與平安京截然不同的城市。不過，從平安京建設初期的狀況也可明顯看出，它與中國長安的差異。

同樣地，日本在八世紀前，曾積極仿效唐朝的律令、土地制度、文化與文明，但後來也逐漸意識到，這些模仿終究難以完全契合自身的需求。

■ 不再是「摹本國家」

當時的日本是複製唐朝制度的律令國家。不過，討論兩者的共通點或相似之處意義不大；相比之下，探討爲什麼採用同樣制度的日本，從一開始就與唐朝有何不同，後來又出現哪些轉變，反而更具啓發性。

其中一個關鍵，是君主權力的形態。我們至今仍不清楚「日本」這個國號爲何而來，也不清楚日本君主爲什麼要稱爲「天皇」。事實上，「天皇」是一個典型的漢語詞彙。

如前所述，日本的君主曾自稱「天子」，也有使用「大王」或「天王」的寫法，爲何最後定名爲「天皇」，至今仍無定論。不過，這些名稱全都是對方能理解的漢語，可見日本有意對中國表達某種關聯性或主張。如果只是想平起平坐，大可使用自有語言文字，因此普遍認爲，這些稱號反映出對中國的某種敬意與政治企圖。

換言之，「天皇」與「日本」這兩個稱號，都是在日本開始有意識地面對中國關係後產生的概念。在倭國時代，日本並不需要與中國建立如此密切的關係。從反面來看，若沒有唐朝的壓力，如今的「天皇」與「國家」等體制，恐怕根本不會誕生。

《新唐書》〈日本傳〉[4]中記載了這段歷史。據其所述，日本熟悉漢語後，意識到「倭」一詞有不祥之意，於是改爲「日本」。日本的使者解釋，因日本位於中國東方，是日出之地，因此定名爲「日本」。這段記載也透露出來自中國語言與文化的壓力。

---

4 編註：此處所提《新唐書》的〈日本傳〉，實際收錄於《新唐書》列傳第一百四十五〈東夷傳〉之中，與〈高麗〉、〈百濟〉、〈新羅〉、〈流鬼〉等朝鮮半島與東海地區諸國並列。這種編排方式反映中國正史對東亞周邊國家的分類視角。

另有一種說法認爲，原本就有一個名爲「日本」的小國，後來被倭國併吞，倭國從那時開始自稱日本。不過，〈日本傳〉對這些說法的眞實性表示懷疑。總之，雖無法從中國史書還原日本成國的完整過程，但仍可依稀看出當時日本面對中國時的立場與意識。

書中還記載，日本在「神武」時代改變君主稱號，自稱「天皇」，並列出歷代君主的名字，顯然是依據《日本書紀》的內容所寫。此外也提到《隋書》〈倭國傳〉中，第一次記錄使者與中國天子會面的情況。

中國一貫的態度，是接受日本的臣屬禮節，因此即使日本君主自稱「天皇」，中國仍視其爲皇帝冊封的「王」，即地方統治者。從唐朝的立場來看，遣唐使只是日本爲表達臣服而派出的使節。

日本方面也心知肚明，因此在對唐的外交中，大概不會自稱「天皇」派遣的使者，因爲那等於與唐朝皇帝平起平坐，恐遭冷遇。另一方面，對國內則宣稱是派使者向唐朝學習制度與文化。這種對外與對內說法不同的策略，早在這個時代就已出現。

自此之後，天皇在日本國內的定位也逐漸發生變化。起初，天皇主要是仿效中國，作爲制定與施行律令的統治者，同時也試圖效法中國皇帝的形象，成爲佛教中主宰世俗世界的「轉輪聖王」[5]。姑且不論這種模仿是否成功，但可以肯定的是，當時的日本確實懷抱著強烈意願，想要仿效中國那套先進的政治體制與天子獨尊的統治模式。

不過，在八世紀到九世紀這段期間，日本展現自身的路線，不再是中國的摹本。例如天皇開始「認祖歸宗」，與起源神社建立聯繫；此外，佛教也漸漸地在地化，律令則慢慢地變成有名無實，徒具框架的法令。換句話說，不管是日本的法制還是宗教，都漸漸地擺脫了來自中國的壓力，而模仿中國的條件與動機也漸漸衰退。

在這段期間到底發生了什麼轉變呢？讓我們留待下一章說明吧。

5 編註：「轉輪聖王」原為印度宗教中的理想君主，象徵以智慧與德行統治天下，其出現代表正法興盛、世界和平。此觀念被佛教吸收，成為理想政教合一的君王典型。隨佛教東傳，中國與東亞政權將其視為皇權神聖化的依據，如藏傳佛教認為元、明、清皇帝為文殊菩薩化身，即轉輪王之顯現，藉此強化君權合法性與佛法護持政權的正當性。

アジア・システムからの離脱

第二章 脫離亞洲系統

【平安時代—鎌倉時代】

在地化的日本

這是個脫下不合身西裝、換穿浴衣、放鬆身心的時代。筆者認爲這正是西元九世紀到十二世紀，也就是從平安時代到鎌倉時代的日本所呈現的意象。

如前一章所述，從奈良時代到平安時代初期，是日本的國家形成期。當時日本一味地接受中國的影響，並積極加以模仿，因爲社會普遍存在一種危機感：若不這麼做，便有可能被文明先進的中國所吞沒。因此，將國名定爲「日本」、君主稱爲「天皇」，並引進律令制度與佛教，正是基於這種意識下所作的選擇。

就這層意義來看，奈良時代與平安時代可以說是一脈相承。雖然基於種種原因，首都從奈良搬遷至京都，但「模仿中國」的基本方針依舊沒變。就連平安佛教的象徵——最澄與比叡山[1]、空海與教王護國寺（東寺）[2]——基本上也都是承襲自中國的鎮護佛教。在歷史編纂方面，日本也仿效中國的「正史」體系，撰寫了《日本書紀》、《續日本紀》、《日本後紀》等「六國史」。這樣的方針，一直延續到平安時代初期。

不過此後，彷彿箍緊的枷鎖驟然鬆開，國家與社會的體制逐漸走向在地化，其制度形態與內在內容也日益展現出民俗化、鄉土化的傾向。這一轉變的開端，便是藤原家掌握實權、推行攝關政治的崛起。

攝關政治應無須多加說明。簡而言之，就是藤原氏作爲天皇的外戚，代行政務。外戚干政在中國史中也有先例，放眼世界史亦屢見不鮮。然而，在未伴隨篡奪君位的情況下，讓外戚政治得以制度化並長期穩定實行，這樣的政體仍可說是日本所特有的。

到了十世紀，一度出現了由醍醐天皇與村上天皇主導、天皇親政的「延喜、天曆之治」，

---

1 編註：最澄（七六六或七六七—八二二年），平安時代初期的佛教僧侶，日本天台宗的創立者，尊稱爲「傳教大師」。最澄於八〇四年赴唐求法，受天台宗薰陶，歸國後在比叡山創建延曆寺，推動以《法華經》爲核心的教義體系，對日本佛教的在地發展影響深遠。比叡山自此成爲平安佛教的重要聖地，後來也孕育出多位宗派祖師。

2 編註：空海（七七四—八三五年），日本平安時代的佛教僧侶、書法家，俗名佐伯眞魚，尊稱「弘法大師」。空海於八〇四年赴唐求法，師從青龍寺惠果，繼承眞言密教法脈，回國後創立眞言宗，強調「純密」教義。八二三年受嵯峨天皇敕賜京都教王護國寺（東寺）爲眞言宗根本道場，開啓東密傳統。東寺成爲日本密教的象徵性據點，至今仍具深厚宗教與文化影響。

但那只是最後一次由天皇主導的政治抵抗。自那之後，天下便逐漸落入藤原氏之手。

■ 進入自立的時代

日本之所以能夠走向自立，除了與國內情勢有關，也與多項外部因素密切相關。首先不得不提的是，此時來自唐朝的壓力逐漸減弱，而這一變化的關鍵轉捩點，正是八世紀中葉爆發的安史之亂。

所謂「安史之亂」，是由駐紮各地的外籍傭兵部隊在今日北京地區發起的叛亂，迅速席捲黃河流域，甚至攻陷了國都長安，是一場規模龐大的內亂。日本人多透過白居易（白樂天）的〈長恨歌〉熟知此事，這場動亂拆散了玄宗皇帝與楊貴妃，最終導致楊貴妃被迫自盡，留下哀婉悲切的愛情悲劇。如果問日本人對安史之亂的印象，恐怕還會提到杜甫的〈春望〉，那首描寫長安繁華不再、滿目蕭條的詩，其開頭「國破山河在」尤為人所熟知。

然而，這些文學作品在歷史上的意義並不重要。安史之亂不僅使玄宗皇帝被迫退位、

圖 2-1 | 安史之亂時的東亞

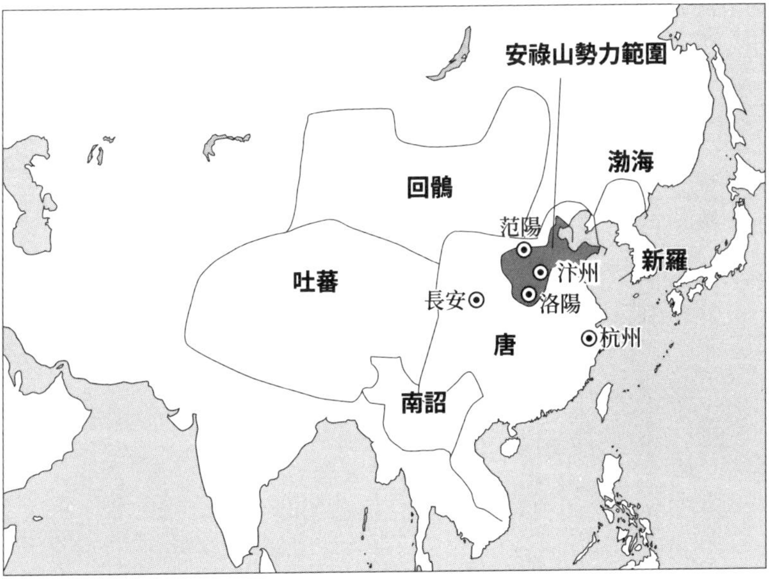

（出處）岡本，2019［a］。

政權更替，甚至改變了整個唐朝的面貌，幾乎使其變成另一個國家。這場歷史性的事件所帶來的內外影響，才是我們應該關注的焦點。

雖然安史之亂最終被平定，但盤踞在黃河北方平原的遊牧軍團多半走向半自立，形成實質的割據局面。唐朝勢力曾延伸至的東亞諸地，也紛紛出現相應的轉變（圖 2-1）。

安史之亂平息後，唐朝周邊的諸國紛紛走向自立。既然唐朝內部尚且出現離反跡象，外國當然更不可能繼續屈從於唐朝的勢力與規範之下。

事實上，這些原本自南北朝時期

起便各自獨立的勢力，後來曾一度被唐朝整合，如今又重新意識到自身的實力，開始主張自主。當時能與唐朝抗衡，甚至凌駕其上的強國，便是回鶻與吐蕃。整個東亞逐漸走向多元化的局面，某種程度上也彷彿預示了今日中國的構圖，而遠在一隅、國力微小的日本，當然也無法置身其外。

■ 暖化造成的影響

此外，推動日本走向自立的另一個關鍵，來自更大的環境變化。

一如前著所述，這股自立傾向的根本原因，是九至十世紀之間的氣候暖化。氣候轉暖後，無論是各地的農耕民族還是遊牧民族，都變得更加活躍，技術革新與經濟發展同步推進，進而各自發展勢力，掌握武力。

日本所模仿的律令體制，原本來自隋唐的統治系統，而這套系統本身就是爲了應對寒冷氣候所設計。其核心在於劃分土地、限制人民流動，並徵召勞役，其目的在於嚴峻的氣候條件下推動土地再開發，極大化土地與勞力的生產效益。

然而自八世紀起，氣候轉入暖化階段。歐洲方面，隨著農地開發與人口增加，進入了中世紀；東亞亦復如此，生產力恢復，人群流動日益頻繁，物資流通也加速，原本設計於寒冷時代的律令體制，已無法再有效約束社會的變化。

隋唐政權被稱爲「胡漢一體體制」，也就是由擅長武力的胡人（遊牧民族）與文化成熟的漢人所構成的聯合政權。爲了維持雙方的平衡，並應對來自更北方遊牧勢力的威脅，律令體制就是在這樣的高度緊張環境中誕生的統治方式。

相對而言，日本列島上的居民幾乎是單一的農耕民族，並無像東亞其他地區那樣，面對異民族語言、文化、生活習慣的壓力。換句話說，由於缺乏外來威脅所造成的緊張感，強行套用中國式律令，從一開始就存在根本上的不適應。因此，即使日本的律令在條文上與中國相似，其實際運作從一開始就大不相同，甚至在文字條文本身也有所變化。

隨著氣候暖化的加劇，中國也開始設置愈來愈多「令外官」，作爲對律令制度外的補充，由此開啓了嶄新的時代。而在日本，「令外官」同樣成爲進入在地化與民俗化時代的象徵，攝政、關白正是其中最具代表性的例子。

關於國風文化的通論是正確的嗎？

遣唐使的廢止，應該也是順應時代潮流的結果。由於日本與大陸之間隔著一片海洋，不像陸地相連的國家需要頻繁接觸與交涉，日本只需在必要時派遣適當人員進行交流即可；而當那樣的需要消失後，減少甚至停止派遣使節，也就成爲理所當然的選擇。

不過，這並不代表日本與唐朝就此斷絕來往。有一種常見說法認爲，正是因爲日本與唐朝的聯繫中斷，「國風文化」[3]才得以興盛，但我認爲這樣的說法過於片面。日本對來自唐朝的文物始終懷有尊崇之意，視其爲上等的舶來品。的確，遣唐使制度被廢止了，但那僅止於官方層面的外交與模仿方針的終止而已。

取而代之的是，民間層面頻繁的交流與貿易，其中最具代表性的便是平氏的貿易事業。隨著中國進入宋代全盛時期，平氏在日本崛起，掌握了經由西海展開的日宋貿易主導權，權傾朝野的平淸盛甚至企圖遷都，進一步將日宋貿易上升爲國家層級的事業。這種從遣唐使體制過渡到日宋貿易的轉變，正體現了中日交流從自上而下的官方主導模式，轉向由民間主導的自律性互動。

由此可見，那些認爲日本文化是在九世紀末廢止遣唐使之後才展現自主色彩、並邁入「國風文化」階段的說法，其實只是單方面的理解。遣唐使的廢止，反而標誌著民間交流的穩定化與常態化，唐朝的文物與知識也更爲穩定地流入日本，使得國家再無必要派遣高成本的龐大使節團。如果所謂「國風文化」是指具有日本特色的文化，那麼這種文化其實早在遣唐使仍活躍之時就已存在，而唐風文物的崇尚，在遣唐使廢止之後反而愈加盛行。

只要稍微爬梳《源氏物語》與《枕草子》這類被譽爲國風文化精髓的書籍，便可輕易發現平安時代的貴族對於唐朝的工藝、香木及各種珍奇異寶有多麼狂熱；而《白氏文集》或《文選》等漢詩文集的流傳，也能窺見當時崇尚「唐物」的風氣。淸少納言與紫式部之所以能成爲國風文化的佼佼者，正是因爲她們通曉漢文。

儘管兩國的商人往來頻繁、平民間的交流日益熱絡，這些活動往往未被記錄在官方史料中，因此表面上看似兩國關係日漸疏遠，才會導致「日本文化因中斷交流而獨立發展」

3 編註：國風文化是日本自十至十一世紀攝關政治時期興起的在地文化，強調融合唐風形式與日本風土美學，形成柔和優雅、重視感性的特色。平假名的普及、女房文學的興盛，以及貴族對唐物的愛好，皆爲其代表。

的說法。然而這類說法，其實需要做出相應的修正。

總體來說，當時的生活樣態與支配社會的制度與慣習，正從由上而下的權力架構，轉向由下而上的民間自律形態，國家體制也逐漸趨於在地化。最具象徵意義的，便是文字的發展——平假名正是在這一時期被創造並廣泛普及。

在明治到大正年間活躍的東洋史學先驅內藤湖南，曾將中國對日本的影響比喻為「鹽滷」：鹽滷雖不可食用，但卻是使豆漿凝固成形的關鍵。也就是說，日本原本流動不定的本土文化，正是在長期與中國文化接觸的過程中得以凝固成形。若從這個角度來看，日本文化的定型，正是意味著國家與社會逐漸不再需要這樣的「鹽滷」。

進入地方勢力崛起的時代

如前所述，氣候暖化促使國家由上而下主導的體制，轉型為民間自律形態的社會結構。這種轉變不僅出現在日本，也同樣發生於歐洲與中國，從世界史的視角來看，是一種普遍且必然的歷史趨勢。其中最明顯的現象之一，便是各地區開發的加速與地方活力的興起。

正如前章所提，日本作爲一個國家是在七至八世紀才逐漸形成的，相對而言屬於後進國。當時中央——即現代的近畿地區——雖已有一定程度的開發，但其他地區尙處於起步階段。普遍認爲，東國的全面開發是在九世紀之後才眞正展開。

這波開發的核心，是莊園的形成。日本中央政權模仿中國，希望透過自上而下的律令體制，推行口分田與班田收授制度[4]，但成效不彰。取而代之的，是被派往地方的國司・受領與當地百姓合作，逐步掌握實權，主導地方開發。地方的成長與中央的攝關政治並行，展現出日本獨特的發展路徑。

然而，在莊園經營過程中，中央政權、地方領主、公家階層與農民之間的權益糾葛錯綜複雜，協調各方利益需要相當的政治手腕，而武力正是其背後的重要支撐。無論是自備武裝，或是雇用護衛，都是不可或缺的手段。於是，各地農民逐漸武裝化，其領袖則演變

4 編註：口分田與班田收授制度是日本律令體制下的土地制度，起源於七世紀，仿效中國的均田制。政府根據戶籍與計帳，將土地（口分田）依年齡與性別分配給人民耕作，死亡或變更戶籍者的土地由國家回收再分配。受田者須將部分收穫作爲田租納稅，其餘自用。該制度強化中央對土地與勞動力的控制，亦成爲公地公民制實施的基礎。

爲地方首領，最終發展爲平氏、源氏等武士集團。

這就是武家政治的起源，也可視爲日本國內政治眞正展開的起點。在此之前，日本的律令體制主要是爲了回應來自中國與東亞的外在壓力而建立的形式性制度；然而武家政治的出現，使得政治首次緊密結合人們的日常生活，成爲實際協調社會利益的核心機制。

■ 武家政治的起源

進入平安時代後期之後，各地爭奪權益的紛爭愈發頻繁，其中最具代表性的就是平將門之亂。從中央政府的角度來看，這是一起叛亂事件，但如《今昔物語集》所述，其導火線其實是關東地區家族間對領地的爭奪，顯示出中央政權對於地方開發所引發的利益衝突已無力掌控。

此外，《平家物語》前半段所描繪的，也是平家這個原本在西國擁有勢力基礎、作爲中央政府武裝隨從的家族，卻最終與主子公家決裂、奪取其權勢的過程。這些故事反映出當時中央政府對地方實況與權力結構的掌握已經失能，監督與調解也形同虛設。

正因如此，尤其是在關東這類遠離都城的地區，對中央的不滿逐漸累積，最終出現建立地方自主治理機構的呼聲。鎌倉幕府正是這樣的產物。

明治至昭和戰前時期活躍的史論家與政治家竹越與三郎，在其著作《二千五百年史》中，稱這種幕府形態爲「武斷民生主義」。日本人首次建立的武家政治，正是從地方百姓與在地勢力中自發誕生的，是一種自下而上的權力形態。

這正是日本歷史的一大特徵。中國的政治傳統以皇帝爲中心，自上而下的體制理所當然，但從來無法徹底深入基層。而日本，無論在武家政治出現之前或之後，都未曾出現眞正如皇帝般具備絕對統治權的存在。這種差異，或許源自於自然環境與其所孕育的社會組織形態的不同。

在過去，聖武天皇一族曾虔誠地信仰佛教，將其視爲國家守護的力量，並試圖效法南北朝與隋唐的皇帝，標榜自身爲轉輪聖王。然而，這樣的嘗試並不長久。天皇最終被視爲神聖的存在，被推崇爲不染俗世塵埃的象徵，而那些涉及俗務、充滿權謀氣息的政治實務，則交由親族或外部代理者來處理。這種雙重政治系統便是所謂的攝關政治、院政，以及武家時代的幕府。

鎌倉幕府原是爲了在地方武士團的混戰中尋求秩序而誕生的治理機構。隨著運作推進，其在地性愈發強烈，最終甚至排除出身皇族的源氏，由關東本土的北條氏以執權之名掌握實權。

與此同時，也有部分公家懷抱復古理想，試圖重建以天皇爲核心的政治體制。最具代表性的例子，就是發動承久之亂的後鳥羽上皇，以及推行建武新政的後醍醐天皇。然而這兩次嘗試皆以失敗告終。

後醍醐天皇深受宋學（朱子學）的影響，據傳他試圖仿效當時中國所實行的政治體制，推動以天皇親政爲核心的集權統治。「後醍醐」這一諡號，正是他自取以致敬延喜年間實行親政的醍醐天皇，象徵其復興王權的強烈企圖。然而，這種一方面崇尚古代天皇親政的理想，一方面又引進中國最新的政治制度與思想文化的做法，從頭到尾便充滿矛盾。從歷史經驗來看，這樣的制度顯然不適用於當時的日本社會與權力結構。這既是對過去的理想化回歸，又是對外來制度的錯置模仿，可說是一種內外夾擊的時代錯亂。從這層意義上來看，建武政權的迅速瓦解，也就不足爲奇了。

然而，即使後鳥羽上皇與後醍醐天皇最終遭流放，性命卻得以保全，皇室血脈也得以延續。這或許是因爲無論是鎌倉幕府還是足利尊氏，都沒有消滅天皇體制的打算。他們深知，與天皇正面對抗並無好處。與其剷除其存在，不如讓天皇作爲象徵性權威被保留下來，一旦實際權力出現威脅時再行應對即可。

從這個角度看，天皇制度之所以能在歷史風浪中延續至今，正是因爲它始終與現實政治保持距離，被視爲純粹而不可侵犯的存在。

與亞洲同步走向多元化

在宗教與文化領域中，「在地化」與「民俗化」的現象也同步發展。由最澄與空海自中國直接引入的天台宗與眞言宗，經過神佛習合的過程，各自與神社結合。同樣地，其他來自中國的佛教宗派也逐漸加入日本式的調整與變化，實現了在地化。

唯獨禪宗保留了更多中國原有的特色，這與日本人偏好舶來品的特質有關，特別是鎌倉的地方武士，原本帶有濃厚鄉土氣息，對來自海外的禪宗與禪僧的高雅風格心生嚮往，進而皈依。除此之外，禪僧多半精通漢語，能在與中國或東亞的交流與談判中發揮實際功能，也是一大原因。

這類在地化與民俗化的趨勢，與中央向地方推進的經濟開發相互呼應，也象徵中日交流由國家主導轉向民間推動的變化。換句話說，鎌倉時代可以說是一個「在地化」與「多元化」並進的時代。

與此同時，政治體制也朝向多元化發展，出現權威與權力分離的雙重結構，這正好與中國史走向一元集權的方向相反。中國作爲多元社會，除了本族之外，還包含語言與習俗各異的遊牧民族與商業民族，源自亞洲的二元結構。爲了維持秩序與政權的穩定，中央政府長期面對的一大課題便是整合這些多樣社群，而這個課題至今依舊未解。

相對地，日本本身語言與習俗差異不大，整合起來相對容易，反而促成了一種對「多元化」的渴望。一元體制難以適應變化、缺乏進步的彈性，因此政治體制朝向雙重結構的發展，或許是一種本能的調節機制。

話說回來，日本政府分爲朝廷與幕府，本身就是雙重結構的典型；而在朝廷與幕府的內部也各自展開雙重化。例如在朝廷體制中，天皇與攝關政治、院政並立；而在幕府體制中，將軍與執權也相互分立。建武新政以後，皇室依血統分裂爲南北兩朝；北條家則明確劃分爲得宗家與其他支系。

儘管這種雙重化的趨勢在日本看似微觀，但若從更高的視角往下俯瞰，會發現整個東亞當時皆有類似發展。九世紀以來，氣候轉暖，農業增產、商業活躍，經濟得以發展。各地即使不依附中央，也能自給自足，甚至有更進一步提高生產效率的動機，促使地方發展取代大一統的壓倒性優勢。換言之，在政治上，不論規模大小，各地都逐漸走向分立與多元。

從中國歷史來看，最爲富庶且政治最卓越的時期是宋代。雖然開封作爲首都繁榮至極，宋朝的疆域卻是歷代最小，不但與其他政權並存，就連國內也存在不同貨幣體系，有的流通銅錢，有的使用鐵錢，顯示出宋代在地主義與多元主義的色彩。

宋代最爲人所知的是十一世紀後半，第六代皇帝神宗時期，宰相王安石推行的新法改革。改革內容涵蓋農業、商業與教育，緊貼市井百姓生活，並提升其生活品質。在中國歷史上，幾乎未曾出現過如此貼近民間、以庶民爲核心的政策改革，這正體現了宋代的在地主義特徵。

進入十二世紀，中國周邊的遊牧國家也出現支配者與庶民距離拉近、勢力擴大的趨勢，

圖 2-2｜十二世紀的歐亞大陸東部

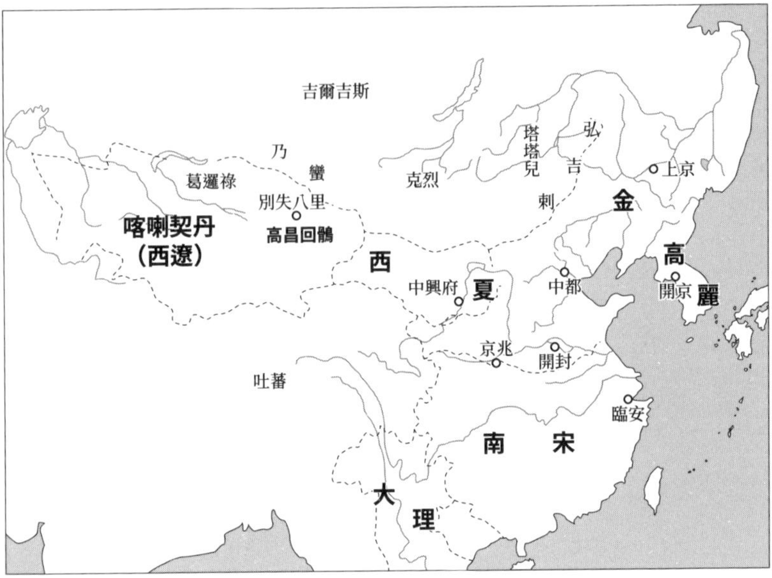

（出處）岡本編，2013。

與中國的連結反而逐漸淡薄。隨著經濟成長，政治權力呈現分散化現象。在整個東亞地區，可以說政治權力普遍分立（圖2-2）。

日本的政治動向也正是這股潮流的一部分。儘管武家政治在形式上特殊，而且在工業技術與貨幣經濟層面仍落後宋朝，但在「多元化」與「在地主義」的趨勢上，日本確實與東亞其他地區保持著同樣的步調。

暖化與集亞洲史大成的蒙古帝國

不過到了十三世紀，情勢出現劇烈變化——蒙古帝國迅速崛起，並持續的擴張。一二〇六年，成吉思汗在整合多個蒙古部族後，僅僅花了半個世紀的時間就幾乎征服了整個歐亞大陸。一般認爲，這是因爲氣候暖化讓遊牧民族活動更爲頻繁，加上農耕世界的經濟發展達到成熟所致，是一種集大成的歷史動能。

蒙古的統治並非單靠武力。作爲遊牧國家，它負責政治與軍事的主導，同時與各地的商人團體和地方富商結盟，在保護這些勢力的同時實行統治，形成互利互惠的關係。這種模式在各個原本自立的國家與地區反覆實施，沿著交通與商業的主要幹線——絲綢之路，逐步擴張統治領域，最終建立起統一歐亞大陸的政權。

由此可知，被蒙古統治的舊國家仍維持原有的文化與經濟自立，而蒙古帝國則像是將這些既有單元串連起來的整合體。

衆所周知，如此強大的蒙古也曾覬覦日本。在日本，這段歷史通常稱爲「元寇」或「蒙古襲來」，但這並非只是戰爭勝負或是否被侵略的問題，而是一次對日本如何定位自身在亞洲中的角色與立場的重大考驗。

如前所述，東亞本是由遊牧與農耕構成的二元世界。這個結構因氣候暖化而轉向多元，但隨著蒙古的興起，又重新整合爲一個統一體。在此體系中，政治、經濟、文化各有分工、彼此共存，構成一種新的歐亞秩序，也可稱爲「亞洲系統」。

於是日本所面臨的課題，是該如何面對這個亞洲系統。過去，日本雖與中國等亞洲國家有所交流，但正如第一章開頭所說，若把亞洲歷史看作「正片」，那麼日本歷史就像是「負片」。不僅未在二元世界的交界處孕育文明，甚至在六世紀以前連國家形式都尚未確立，其歷史多半還停留在神話層次。

蒙古帝國與日本

假設當時的日本被蒙古併吞，不只是在政治上淪爲附庸，連社會與經濟也勢必會被納入前述的亞洲系統之中。而所謂的「元寇」或「蒙古襲來」，可視爲蒙古對此所作的一次試探，而日本則明確而堅決地加以拒絕。

從日本的立場來看，當時之所以拒絕蒙古，理由其實不少。其中一個說法是「日本是神國」，雖然這個在戰爭中大肆宣傳的口號聽來有些誇張，但某種程度上也反映了一部分的國民心態。更深層的原因，是日本與蒙古不僅政治制度差異極大，連思想與信仰也是天差地遠，根本不可能彼此融合。

此外，從實際面來看，雙方的經濟發展也有極大落差，甚至可說是經濟體制根本不同。當時亞洲大陸已廣泛使用紙幣，取代了沉重而不便攜帶的金屬貨幣；而日本則才剛開始流通銅錢。若用今日的情況來比喻，便如一邊已具備完善的金融交易結算系統，另一邊卻還停留在用零錢到雜貨店買糖果的階段。經濟體系相距如此懸殊，讓日本根本不可能順利納入亞洲經濟圈。

反過來看，蒙古方面恐怕也難以理解日本的特殊性，特別是其政治制度與背後的思想信仰。亞洲諸國大多奠基於遊牧與農耕民族的聚散與協作，但日本卻是中央握有文化權威、地方實行軍事統治的奇特結構。蒙古人或許連日本的首都在哪、該與誰談判都無從得知。

因此，即便蒙古以武力推翻日本政府、設立地方統治機構，也難以順利掌控整個日本

圖 2-3 ｜蒙古軍隊行軍路線

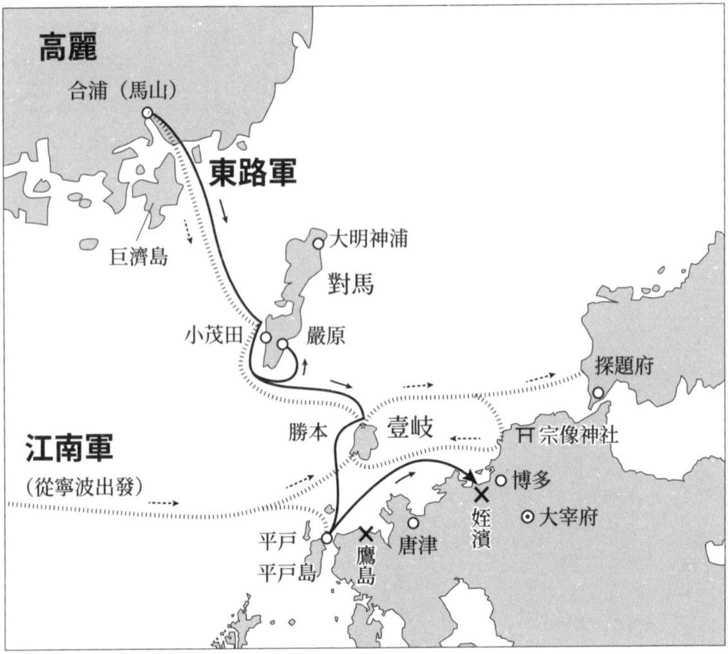

（出處）《最新日本史圖表》（第一學習社，2010年），內容部分修訂。

社會。即使與大陸之間交流頻繁，日本也無法眞正融入這套亞洲系統。

事實上，蒙古或許從未眞正認眞考慮全面征服日本。畢竟日本是位於極東、隔海相望的小島國，無論政治或經濟體制都極爲異質，對蒙古而言，將其納入亞洲系統未必有什麼實質利益。

但相較之下，朝鮮半島對蒙古而言卻具有戰略價值。特別是當蒙古將首都定於大都（今北京）後，高麗的臣服便成爲必須完成的目標。在征服高麗的過程中，他們發現了大海彼端的小島——既然如此，順便一併攻下吧。或許這便是「蒙古襲來」的眞實理由吧。

有趣的是，蒙古最終因爲遭遇突如其來的暴風而被迫撤退，這正是一二七四年的文永之役，也是日本前所未有的國難。不管是物資還是軍力，日本都遠遠無法與蒙古匹敵，所以日本眞的是被這場「神風」所拯救。

蒙古的捲土重來之戰便是一二八一年的弘安之役。或許是在文永之役遭遇了意料之外的敗北後，蒙古才眞的動了征服日本的念頭。這一次，蒙古以高麗軍、江南軍爲主力，組成多達十四萬人的聯軍，準備征服日本。儘管這次的陣容比前次多出十萬人以上，卻因爲颱風而損失慘重，被迫鎩羽而歸（圖2-3）。

此後，由於蒙古帝國發生內訌，「元寇」計畫也無疾而終。表面上看似是戰爭失利，但若從歷史全貌來看，更可能的眞相是：蒙古從頭到尾就未曾對這個與自身體系南轅北轍的國度投注太多心力。

元寇之後持續的「政冷經熱」

日本雖然拒絕在政治與社會層面融入亞洲系統，卻仍與宋朝、元朝維持貿易。當時的日本渴求更多先進的物產與文化，因此可以說是一種「政冷經熱」的狀態。

「政冷經熱」這句數年前在日本流行的短語，雖然如今已較少使用，但它仍是一語道破歷來中日關係基本結構的便利說法。即使今日因新冠疫情而有所波動，未來應該還是會回歸到這樣的局面。

在當時，往來最爲頻繁的莫過於連接南宋與福岡的航線，博多甚至形成了華人社群。

値得注意的是，弘安之役中出現了江南軍的參與。當時的「江南」是指南宋，而南宋與日本向來有密切經濟往來，爲什麼派出部隊攻入日本，實在令人費解。這支部隊的成員背景與派遣目的至今仍不明朗。或許當時湧向日本的不是正規軍人，而是想趁機移民的民衆，甚至是被放逐的流民。考慮到他們雖號稱十萬大軍，卻沒能讓鎌倉武士屈服這點，以及蒙古恐怕沒眞的打算征服日本這點來看，這樣的推測並非不可能。

若是順著這條思路觀察，可以發現日本與朝鮮半島的歷史，已在此時分別踏上不同的道路。

不論是高麗，或更早統一朝鮮半島的新羅，始終承受來自中國的政治壓力，並依靠接受象徵臣屬的「冊封」來維繫國家存續。十一世紀時，朝鮮半島遭到遊牧政權契丹（遼國）的侵略；十二世紀又面臨女眞人所建金國的軍事壓迫；到了十三世紀，則遭受蒙古的猛烈攻擊，最終淪爲其附屬國。

在這種狀態下的朝鮮半島無法像日本列島，建立屬於自己的政治、社會與在地文化。十四世紀末期，朝鮮王朝繼高麗之後誕生，但還是臣服於比新羅或高麗更先進的「中國」，也想要完美複製明朝的一切。

日本史登上世界史的舞台

有趣的是，蒙古帝國與日本之間發生的現象，也出現在遙遠的歐亞大陸西側。

衆所周知，蒙古帝國不僅往東亞擴張版圖，也往西歐方面延伸，但最終止步於欽察草原與莫斯科一帶。這大致就是所謂「亞洲系統」所能涵蓋的範圍；而再往西的森林地帶與零星農耕區域，應該已不在其統治能力之內。

蒙古在東側的日本列島，先後在文永與弘安之役中接連受挫；而在西歐，則遭遇德國與波蘭聯軍的阻擊。儘管蒙古之後在波蘭西部的萊格尼察戰役中大獲全勝，勢力終究止步於此。實際上，當時蒙古帝國徹底擊潰了聯軍，但由於宗主突然逝世，只得緊急撤軍，自此未再向更西方擴張。我認爲，這也是歷史的必然發展。

在此請大家回想第一章所介紹的「梅棹忠夫的文明地圖」（圖1-1）。圖中指出歐亞大陸東西兩端存在著文明的「障壁」，而蒙古帝國擴張的極限，也正好從歷史上證實了這個觀點。

在蒙古帝國之後，歐亞大陸的東西兩端開始建立起不同於亞洲系統的經濟秩序。換言之，十三世紀既是蒙古統一的時代、也是亞洲史的總結之際，東亞之外那兩個過去如同「負片」般存在的邊陲，也在此刻首度主張其在世界史中的存在感（圖2-4）。

在此前的世界史敘述中，日本史可有可無，西洋史亦然，即便略而不提，也不妨礙對世界史的理解。然而從這之後開始，若無日本史與西洋史的視角，世界史便無法成立。曾被視爲「負片」的部分，也終於開始產生「正面」的意義。

正如前述，日本歷史開始於對中國的模仿，但隨著國家制度漸趨完整，日本也意識到一

圖 2-4｜蒙古時代的東西經濟交流

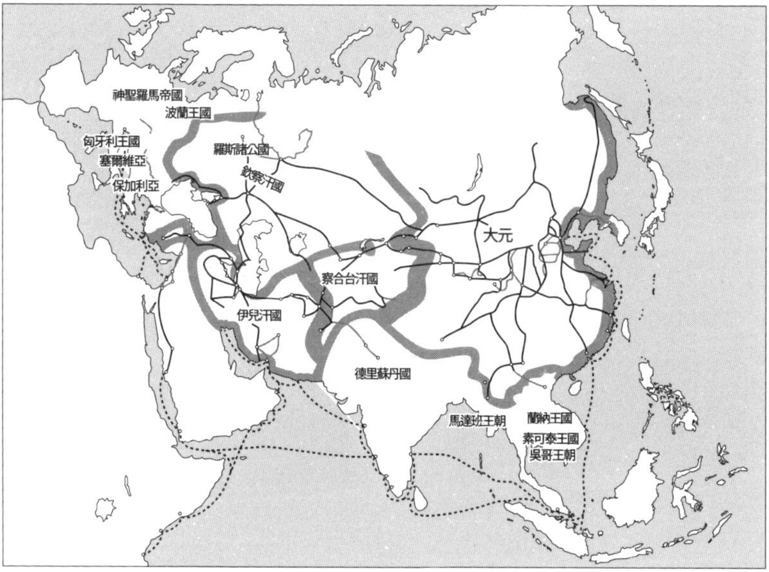

（出處）根據本田（1991）繪製。

味的仿效已無法契合本國社會發展，因此開始出現本土化、在地化的趨勢。到了平安時代後期，地球氣候轉趨暖化，東亞整體也恢復活力，進入多元化發展時期。日本隨之進入由民間主導的開發與貿易時代，並逐步建立起武家社會這一套獨特的在地政治體系。

也正因如此，日本在社會、經濟與政治層面，與東亞後期發展出的蒙古帝國大相逕庭，最終走出一條自身的發展路徑。這正是十三世紀日本的樣貌，也構成邁向下一時代的基礎。

「日本全体が入れ替わった」時代

第三章 「日本整體大風吹」的時代

【室町時代—戰國時代】

蒙古帝國與鎌倉幕府瓦解的共通之處

十三世紀，隨著氣候暖化，歐亞大陸誕生了蒙古帝國，日本則出現了鎌倉幕府。然而到了十四世紀，這兩個政權幾乎在同一時期相繼瓦解，主因正是氣候轉爲寒冷。儘管蒙古與鎌倉政權在規模與性質上大相逕庭，卻都是在相似的氣候變遷中誕生，並最終因相同的環境壓力而走向終結。

蒙古帝國的滅亡，關鍵在於其所積極推動的商業活動大幅衰退。限制人民移動對經濟的打擊，我們在近年的新冠疫情中已有切身體會。十四世紀，隨著氣候轉冷，中亞爆發了「瘟疫」，傳播至歐洲與中國後迅速蔓延，成爲整個歐亞大陸的災難。在歐洲，這場瘟疫被稱爲「黑死病」（推測爲腺鼠疫）。

除此之外，寒冷氣候也導致農作物產量下降，使得以蒙古帝國爲中心運轉的歐亞世界經濟陷入大規模蕭條，失去經濟原動力的蒙古帝國也因此走向衰退。

與此同時，中國爆發變局，明朝興起並驅逐了統治中國的元朝。新政權實施徹底的鎖國、管制與統治政策，不僅將「中華」的範圍限定於漢人居住區，更以北方的萬里長城爲

圖 3-1 明朝的版圖

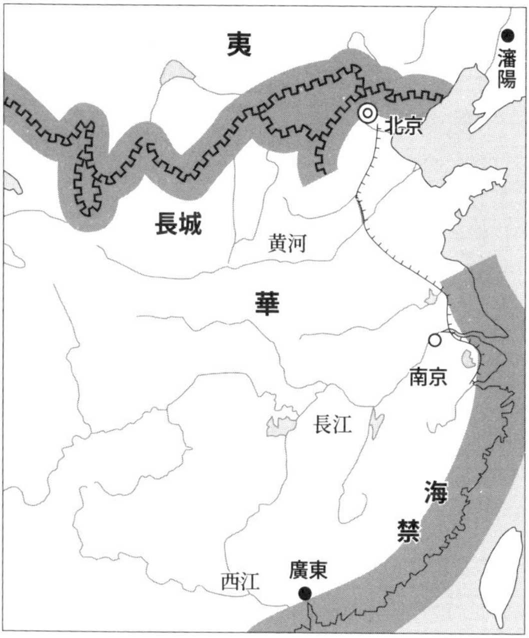

（出處）岡本，2019［c］。

界區隔遊牧民族，同時嚴格管控東部沿海地區的出入（圖3-1）。

若以儒教的詞彙形容，可稱之爲「中華主義」或是「華夷思想」。但即便在其所謂的「中華」內部，也大幅限制交通、流通與人員移動，簡言之，進入了類似今日疫情期間所謂「封城」的體制。這是一種以疫病與經濟衰退爲前提，所建立起的應對制度。

另一方面，日本也在鎌倉時代末期至南北朝時代（室町時代初期）期間，經歷了極爲寒冷的氣候。近年來有學者指出，鎌倉幕府的滅亡也與氣候寒化有關。若此說成立，則可見日本的政局動盪確實與整個東亞的局勢互有連動。

鎌倉幕府的建立，本就以氣候暖化爲前提。與蒙古帝國或中國相比，日本的情況相對單純，農作物生產支撐著地方經濟，也構成東國武士的生活基礎；但當氣候轉寒，這一前提便不復存在。

氣候暖化促使京都與近畿一帶的商業蓬勃發展，日本也從中國引進了不少先進的技術與文化。然而，這些商業模式與文化成果大多未能傳播至尚在開發中的偏遠鄉鎮與農村，僅有作爲武家政權中樞的關東首府鎌倉是例外。也正因如此，鎌倉幕府在面對危機時顯得格外脆弱。

■ 室町幕府的定位

因此，室町幕府成立後面臨的最大課題，就是如何因應寒冷化的環境。換言之，該如何將東國蓬勃發展的農業與軍事力量，與西國所擁有的先進技術、商業與文化加以結合，進而建立新的秩序。這場漫長的摸索與嘗試，也成爲此後日本歷史的主要主題。

前述第一章的年表（圖1-3、圖1-4）指出，日本從鎌倉時代到室町時代屬於「中世」，大致相當於東洋史或歐洲史的「近世」時期。這也反映出日本與歐洲之間在時代劃分上的落差，而隨著日本進入中世，不僅繼續受到中國與亞洲的影響，也開始逐漸受到經歷文藝復興後的歐洲影響。

對於剛站穩腳步的室町幕府而言，當務之急是如何與明朝建立關係。在此之前，無論是與宋朝或元朝，日本大多由民間主導、進行相對自由的貿易，這也促進了日本這個亞洲後發國家的發展。

宋朝與蒙古帝國在這方面都採取相對寬容的態度。以足利尊氏與直義執政時期爲例，爲了籌措京都天龍寺的建造費用，曾派遣一艘被稱爲「天龍寺船」的貿易船前往大元進行交易，這段歷史頗爲知名。

然而，如前所述，比室町幕府晚約三十年建立的明朝，卻採取極端封閉的貿易政策。室町幕府該如何應對這場重大轉變，成爲一大難題。

同時，幕府也面臨一項不得不正視的國內問題。敵對的南朝勢力中，後醍醐天皇之子懷良親王以「征西大將軍」的名義前往九州，在當地建立起強大的勢力。他之所以選擇九州，無疑是因爲這裡自古以來就是富庶之地，具有重要的戰略價值。

在過往的建武新政期間，反叛後醍醐天皇並在京都戰敗的足利尊氏逃往九州，卻能在短時間內重整旗鼓，再次上洛，因此九州對他而言，是重振勢力的根據地。

九州除了擁有已開發的肥沃土地與剽悍的在地武力，更重要的是其長期以來與中國之間的貿易往來。例如，博多曾是日宋貿易的重要據點，九州亦憑藉地利之便，透過頻繁的交易累積了可觀財富。對於處於劣勢的南朝而言，選擇九州作爲東山再起的基地，無疑是理所當然之舉。

與明朝的關係

明朝誕生後，隨即提出「朝貢一元體制」。原則上是中斷內外交通，形同鎖國，但對於冊封國，也就是被視爲臣屬的國家，仍接受其朝貢與使節團，並允許一定程度的貿易活動。明朝起初並未與室町幕府交涉，而是選擇與懷良親王往來，甚至授予其「日本國王」

的稱號。這可能是基於對懷良親王在九州活躍貿易記錄的評估所做出的判斷。

這讓幕府陷入困境，不僅與明朝的貿易管道遭到切斷，反而讓敵對的南朝從中獲利。因此到了第三代將軍足利義滿執政時，幕府派兵進軍九州，將懷良親王驅逐，義滿也順勢成爲「日本國王」。這段過程衆說紛紜，而且與本章主題無關，故不再詳述。

其後，明朝在永樂帝時期穩固體制、聲威日隆；而在日本，雖然義滿把將軍之職傳予其子義持，實權仍掌握在手。也正是在這段時期，明日之間展開所謂「勘合貿易」。這是一種朝貢制度的變體，只有持有由明朝發行的「勘合符」者才被允許進行貿易，而此項權力在日本僅由幕府掌握。

從中可以看出兩點：其一，日本其實並不存在所謂的「日本國王」。在中國的體制中，這是確實存在的稱號，但對日本而言，只是權宜之稱，並無對應的政治實體。這種認知差異，自《隋書》〈倭國傳〉中「日出處天子」，以及「天皇」之稱號開始，便一直貫穿中日關係史。

其二，雙方雖有認知落差，卻能超越分歧，共同尋求利益。對日本而言，貿易能帶來豐厚利益；作爲朝貢國，日本通常能獲得比進貢數倍有餘的「回賜」。對中國而言，與日本建立朝貢關係也具重要意義。新增朝貢國象徵更多國家臣服，有助於明朝對內對外宣示天子正統。尤其對曾擊退蒙古帝國、向來抗拒大陸權威的日本來說，其臣服更能突顯明朝國威。權力之間本就以利益結合，「勘合貿易」亦不例外。

京都的變貌

不過，足利幕府本身始終不夠穩定，就連幕府應該設在哪裡都無法定奪。是京都？還是鎌倉？自尊氏與直義兄弟以來，雙方勢力就不斷在這兩地之間衝突對立。一般認爲，足利義滿時代實現了南北朝統一，足利幕府也進入全盛期，但對此說法目前仍有多種解釋與異議。

無論如何，可以確定的是，設於京都的足利幕府是一個由衆多實力雄厚的守護大名所組成的聯合政權。足利宗家僅是勉強略勝一籌，得以繼承將軍職位。如何穩定這個體制，長年來都是懸而未決的課題，而在尚未找到解方之前，便爆發了應仁之亂，進而拉開戰國時代的序幕。

守護原本是負責各地糾察與治安的職務，但逐漸地，他們所掌控的任地也日益領國化。換句話說，地方的在地勢力開始壯大，深耕當地，成爲支撐各地守護的基礎力量。

儘管如此，守護仍是將軍的家臣，必須在中央與任地、領國之間周旋，在兩種立場中取得平衡。但這兩者往往出現衝突與矛盾，也經常陷入難以兼顧的局面。這正是足利幕府長期無法穩定的主因之一，而最終也導致守護大名的制度式微，爲日本歷史帶來一個重大的轉折點。

十五世紀，在如此動盪不安的室町時代，也是京都大幅改變樣貌的時代。最初在八世紀末，京都只是作爲關東與關西的交會點，模仿唐朝因應寒冷氣候所建的長安城，興建了平安京。雖然名義上是首都，但當時的京都可說是相對孤立的存在。然而自室町時代起，京都開始眞正發揮其作爲日本政治、經濟與文化中心的功能，並與周邊地區在空間與地理上建立起密不可分的聯繫。

這也象徵著，日本歷史從此在時間軸上開始呈現有機的連續性。不只對國內，連對外的歷史發展也從這一時期起，產生了實質而長遠的影響。而這段歷史性的時間與地理起點，正是室町時代的京都。

比方說，ＮＨＫ的大河劇經常以戰國時代爲背景。在劇中出場的戰國武將們，幾乎無一例外地把「入主京都」或「上洛」當作「奪取天下」的代名詞。但人們是否曾想過，爲什麼他們的目標總是京都？

京都確實有其難以言喻的特質。其他都市多半從小聚落開始，隨著時間發展壯大或衰退，但京都自誕生起便是都市，並且長期維持其地位與價值。在日本，幾乎找不到第二個能與之相比的城市。

層層積累的京都

若是攤開平安京時代的地圖，是無法按照現今樣貌在京都行走的；但若換成戰國時代的京都市街圖，倒是綽綽有餘。也就是說，現代京都的原型，其實是在室町時代至戰國時代之間逐步形成的。而爲這一過程劃下總結句點的，就是建造了御土居（土牆圍繞京都）並重新劃分町區的豐臣秀吉。可以說，直到那時，京都作爲城市的規模與構造才眞正確立。

京都的城市結構相對單純。地勢上，鴨川流經的東北部較高，往西南與桂川匯流處則逐漸低窪。因此，位於高地、排水良好且宜居的東北，自然吸引權力中樞及相關人士聚集。不僅京都御所，室町幕府也座落於現今相國寺與同志社大學一帶，此區稱爲「上京」。

另一方面，現今京都鬧區所在的「下京」，原本是一片濕地，居住人口極少。然而，隨著首都機能逐漸確立、人口不斷湧入，商業及各類產業也應運而生。這些後來進入京都的人們便在「下京」一帶落腳安家。從意義上來看，這裡就像是英文所說的「downtown」。如今廣爲人知的祇園祭，能發展成現在這般規模，也要歸功於當時「下京」的商工業者。他們的勢力逐漸壯大，成爲所謂的「町衆」（商工階層的市民團體）。「下京」的生成與存在，正是中世京都的重要特徵。

換句話說，京都之所以得以吸引大量人潮，是因爲最初由公家等政治文化領袖，以及軍事上勝出的武家所帶動；隨之而來的是商業與金融的繁榮，兩者相輔相成，使得城市發展日趨加速。最終，京都得以作爲一個具備多重功能、層次分明的城市結構而確立。

結果便是，權力、財富與文化皆集中於京都，使其名副其實地發揮了作爲日本首都的功能。各項國家機能集中於首都的現象，亦即所謂的「一極集中」，可以說正是在此時逐步奠定了日本的基本性格（圖3-2）。

圖 3-2 ｜戰國時期的京都市鎮圖

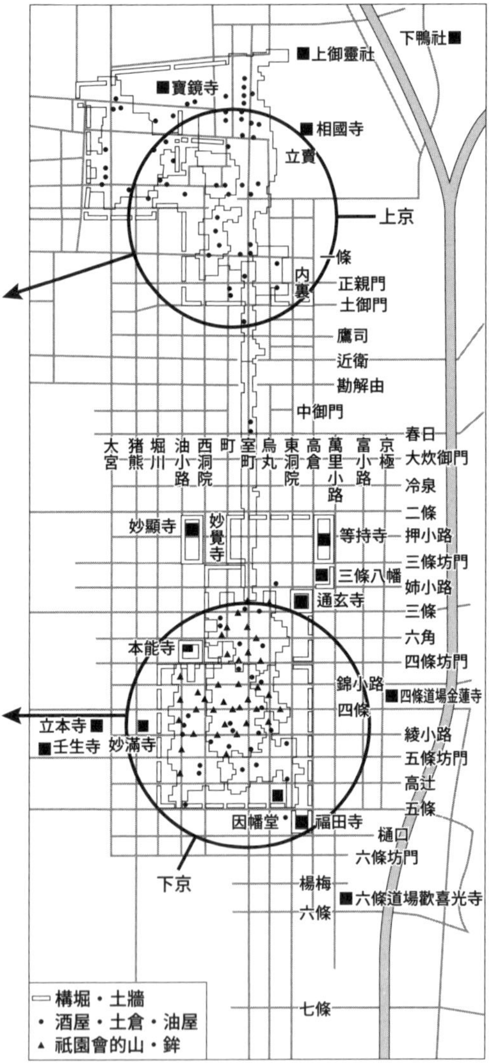

（出處）高橋，2014。

圖 3-3 ｜在織田信長之後建造的京都建築物

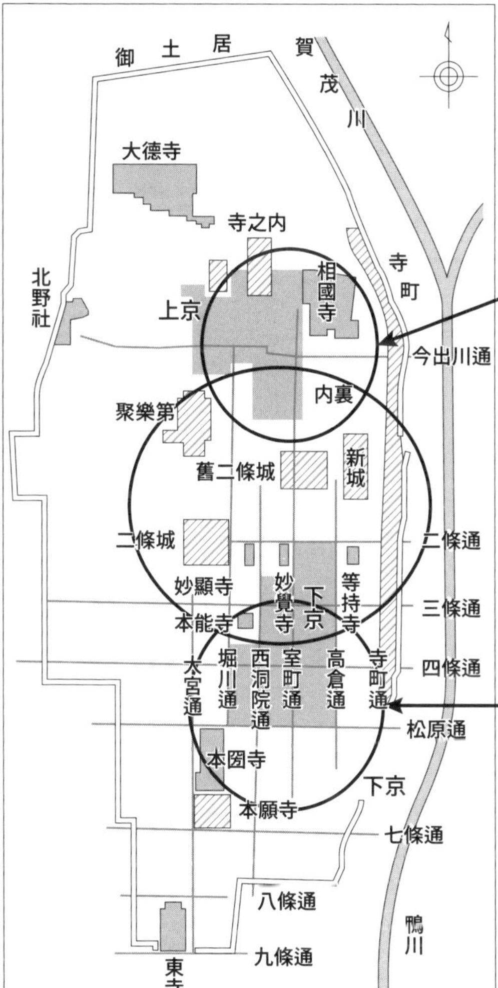

（出處）水本，2008。

核心都市的京都

現代京都除了上京與下京之外，還有「中京區」。雖然「中京區」是在二十世紀之後才正式設立爲行政區，但在此之前，這一帶就已具有區域整合的性質。不過從圖表來看，與其說是完整的聚落，不如說是夾在「上京」與「下京」之間的一片空白地帶，而這正是應仁之亂時的主戰場，因而成爲一片焦土。換句話說，正因爲原本幾乎一無所有，才被選爲交戰之地，也才被徹底焚毀。

後來進入京都的戰國大名，便在這塊空地設立大本營。例如織田信長爲足利義昭所建的（舊）二條城與本能寺、豐臣秀吉建造的聚樂第，以及德川家康新建的二條城，皆位於此地。從地理位置來看，這裡正好能夠制衡上京的公家與下京的町衆[1]（圖3-3）。

這座曾經淪爲戰場的中京，如今是京都的地方政治中心，但當時可能因空間狹窄且交通不便，難以作爲治理全國的基地，因此擁有水運優勢的伏見被開發爲連接京都與大坂的重要中繼地。

隨著京都自身的發展與擴張，成爲全國首屈一指的領導型都市，各地也紛紛仿效，出現許多被稱爲「小京都」或「豆京都」的地方，例如位於山口縣山口市、至今仍保存的大內小京都[2]，就是其中的典型例子。

大內氏作爲守護大名，長年奉行支援京都足利家的方針，因此在西國諸侯之中，與京都的聯繫尤爲緊密。可以想見，大內氏經常從京都邀請商人與工匠，也頻繁派遣本地人赴京都學習交流。

此外，各地小京都除了與京都互動，彼此之間也有往來交流，逐漸形成一張人際與文化的交流網絡。透過這樣的互動，地方經濟得以活絡，並催生出各種圍繞衣食住等生活層

1 編註：「上京」與「下京」是中世至近世京都的兩大主要區域。「上京」位於京都北側，是朝廷、公卿等貴族階層（公家）聚居之地，象徵傳統與權威；而「下京」則在南側，以商人、市民等町人（町衆）爲主，代表城市的經濟與民間活力。

2 編註：「大內小京都」是山口縣山口市因仿效京都而發展出的文化與都市形態，起源於室町時代中期大內氏的統治。十四世紀下半至十五世紀初，大內氏積極模仿京都街道建設山口城下町，並延攬文化人、僧侶與工匠，使山口一度繁榮堪比京都，被譽爲「西之京」。此地融合了北山文化、東山文化，以及來自明朝與朝鮮的東亞文化，逐步形成獨特的「大內文化」。

面的新興文化，進而在各地擴散與扎根。

於明治至大正年間活躍的歷史學家原勝郎[3]曾一語中的指出：這正是日本文化的原型。換句話說，現代我們所認爲的「日本性」，正是在室町時代、以京都爲核心都市的背景下所形成的。這一見解，如今已是專家學者之間的共識。

從這個角度來看，室町時代及當時的京都，對後世日本歷史所留下的影響，確實深遠重大。

東亞的經濟發展

不過，當時的日本並不是全國各地均衡發展。像九州這類位於京都以西的地區雖然迅速興起，但東部地區在經濟與文化上則相對落後。造成這種明顯差異的關鍵，仍然與中國息息相關。因爲西部地區地理上鄰近中國，更利於展開貿易與交流，也更容易受到南蠻[4]傳入的技術與知識影響。

十五至十六世紀之間，明朝原本以「朝貢一元體制」爲主的秩序開始出現動搖。江南三角洲這片原本以稻米爲主的水田地區逐漸工業化，新興產業紛紛湧現，使得該地成爲中國的經濟與文化重心（圖3-4）。這樣的發展也促進各地區的開發與商業化，並建立起區域分工體系。

當時的中國流傳著「湖廣熟，天下足」這句諺語，意思是隨著江南三角洲的工業化與人口集中，糧食供應出現短缺，因此轉向尚未開發的長江中游，也就是湖北、湖南地區推動稻米生產，成爲中國的新興穀倉。這也成爲中國內部建立分工體系的重要契機。

既然江南的工業化帶動了周邊地區的再開發，那麼這波經濟影響不可能僅止於西部，

3 編註：原勝郎（一八七一—一九二四年）爲日本歷史學者，畢業於東京帝國大學，專攻西洋史，亦通曉日本史。曾任京都帝國大學教授及文學部長，與和辻哲郎、西田幾多郎等人共事。留學歐美後提倡以中世歐洲的封建制度觀點重審日本史，強調日本社會結構的獨特性，對室町時代的都市與文化發展尤有洞見。

4 編註：「南蠻」一詞最早見於《日本書紀》，原本源自中國「華夷觀」中的地理與文化分類，用以指稱南方的異民族。到了十六世紀中葉，日本人開始以「南蠻人」稱呼來自歐洲的葡萄牙人與西班牙人，並將他們所乘船隻稱爲「南蠻船」，其所攜帶的商品、器物與文化則稱爲「南蠻渡來」。這一稱呼反映了東亞世界對外來文化的命名習慣，帶有某種野蠻與異域的雙重印象。

圖 3-4 ｜江南三角洲的發展

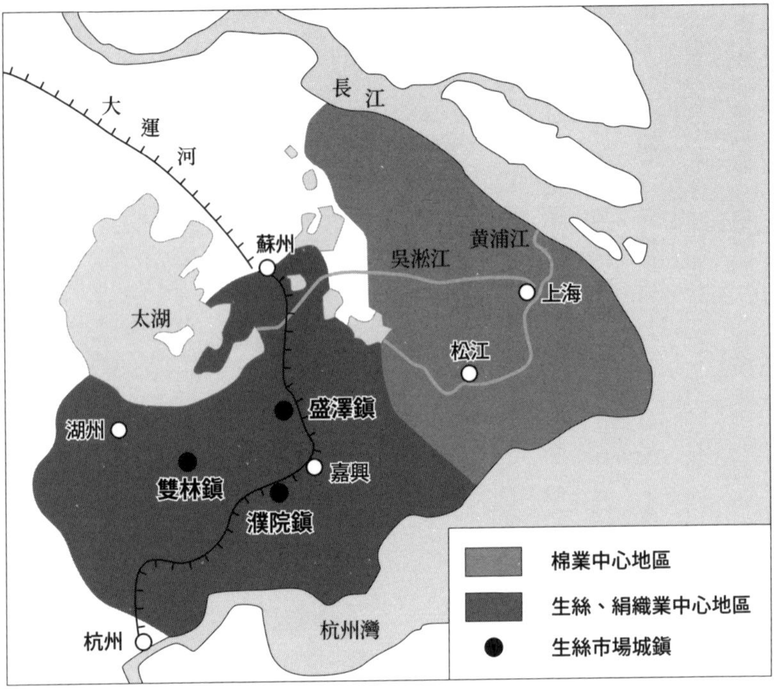

（出處）根據岸本（1998）繪製。

也理應波及越過海洋的東部地區。從這個角度來看，日本中世的經濟發展也可以視爲與「湖廣熟，天下足」相呼應的東西雙向趨勢，日本列島甚至可被納入中國地域分工體系的一環（圖3-5）。那麼，當時的日本究竟扮演了什麼樣的角色？

當時的中國並沒有普遍流通的貨幣。明朝選擇推行以物易物的經濟制度，與重視商業的蒙古帝國形成鮮明對比。但當地區之間的民間流通愈發活絡時，這種方式便顯得不便，

圖 3-5｜湖廣熟天下足：中國的地區分工圖

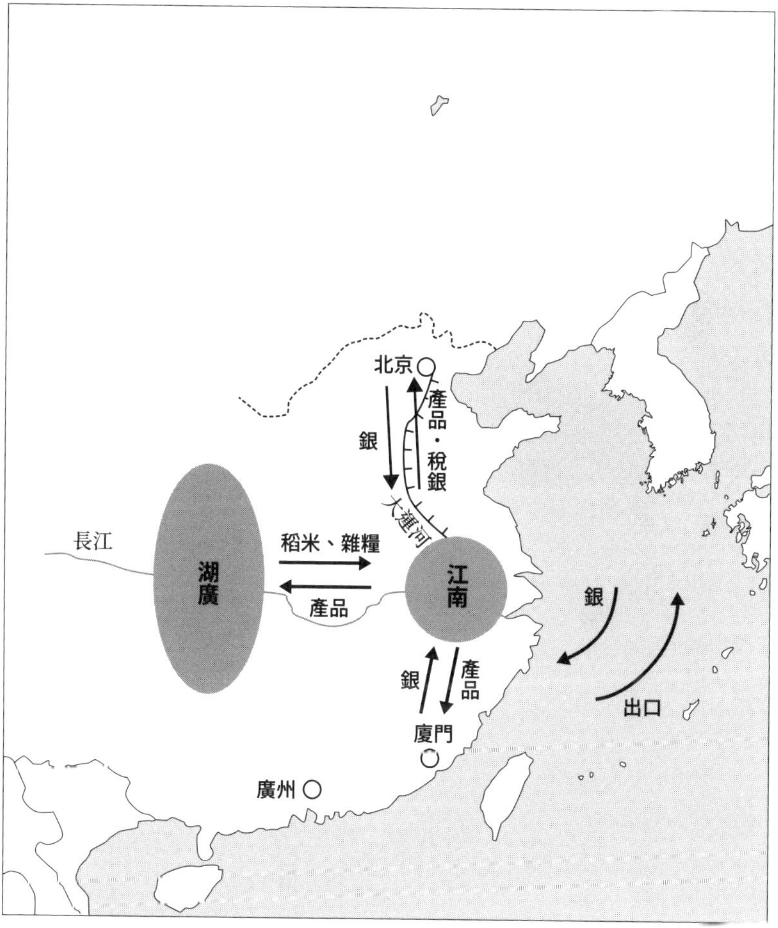

（出處）根據岡本（2013）繪製。

於是民間開始自行鑄造貨幣，也就是所謂的「私鑄錢」。然而由於這些貨幣缺乏信用保證，像金、銀這樣的貴金屬便顯得格外重要。

僅靠中國國內的金銀資源並不足夠，因此只能仰賴從海外輸入，這也促使人們更加積極地從事對外貿易。恰逢歐洲進入大航海時代，中國沿海地區的貿易也因此變得活躍起來。換言之，原本限制以物易物並嚴禁對外貿易的官方政策，被民間經濟的活力所突破。

不過，那些歷史悠久的地區由於早已長期使用金銀爲貨幣，因此金銀資源也早已枯竭。中國自然也不例外，既無新礦脈可開，那麼尋找金銀的目標自然轉向新興地區，包括剛被「發現」的美洲大陸，與仍屬未充分開發的日本列島。

「宋錢」於日本流通的理由

一直以來，日本的貨幣制度便深受中國影響。說到底，貨幣本就是中國的發明。早在春秋戰國時代，中國就已開始使用貨幣，但直到唐朝以後，貨幣才具備我們今日所熟知的樣貌，並發揮其作爲交換媒介的功能。

自唐宋變革的十世紀起，宋朝將銅錢作爲本位貨幣來流通，貨幣制度愈發完善。儘管當時已進入流通經濟時代，然而銅錢的數量遠遠不足以支撐整體經濟需求，因此經過多番嘗試後，宋代開始發行紙幣。

然而，紙幣等本身不具材質價值的貨幣，在面額控制上極具挑戰。宋朝無法有效管理紙幣，但之後掌權的蒙古帝國卻積極推行此一政策，並與白銀搭配運用，進而實現僅以紙幣進行流通的目標。

正如前文所述，到了明代，貨幣幾乎不再被官方廣泛使用，因此大量剩餘的宋錢轉而輸出海外。這就是鎌倉時代至室町時代之間，日本大量使用宋錢的主因。

隨著中國產業發展，貨幣需求逐漸上升；但由於明朝貨幣政策的失敗，民間只得自行調度與創造所需貨幣，這也促使私鑄貨幣大量出現。這股風氣後來也傳入日本，形成大量「鐚錢」流通的現象。

然而，私鑄貨幣的使用範圍有限，只能在特定群體內通行。換句話說，這類貨幣無法用於較遠距離或大宗交易，因此仍須輔以價值獲得普遍認可的貴金屬，這也是明代積極自海外尋求黃金與白銀的原因。

日本也因此出口白銀至中國，此舉促進了日本各地的礦業開發與經濟成長，亦帶動商業化進程。在日本國內，隨著貨幣需求上升，加上宋錢仍有部分存量，而且銅礦資源尚稱豐富，於是進入江戶時代後，政權開始發行由官方統一管理的正規銅錢，其中最著名的便是「寬永通寶」。

讓日本富強的「倭寇」

當日本開始向中國出口白銀，日本人便見識到何謂奢華，因為從中國大量進口江南出產的高級絹布與木棉，極大地刺激了消費欲望。

僅靠勘合貿易自然無法滿足這些需求，因此民間便在明朝政府未允許的情況下進行走私貿易。不過事實上，明朝也多半睜一隻眼閉一隻眼，因為他們很清楚，一旦嚴格依照禁令加以取締，國內經濟便會陷入癱瘓。實際上，當時的走私規模已遠遠超過官方的勘合貿易，甚至到了幾乎不能再稱為「走私」的程度，因此也可說「朝貢一元體制」此時已名存實亡。

然而若完全放任不管，政權威信勢必受損。於是明朝政府在十六世紀中葉開始對走私行爲展開嚴格限制與鎮壓。這波打擊行動的主要對象有兩方：一是北方欲以茶馬進行貿易的蒙古人，另一則是於中國西南沿海從事走私貿易的日本業者，也就是所謂的「倭寇」。由於這兩面作戰幾乎同時展開，引發了大規模騷亂，史稱「北虜南倭」。

中國的商人、生產者，以及如倭寇等外國業者紛紛反抗政府鎮壓，結果明朝無力應對，反而在南北同時陷入動盪，招致內憂外患。

尤其南部沿海地區，出現了不少走私貿易的據點。原本是勘合貿易中心的寧波，南方的澳門，以及稍北的廈門皆逐漸繁榮起來，成爲國內外商人聚集、長期積極進行交易的重要場域。

依據現代研究，這種情形可被稱爲「倭寇狀況」。之所以稱爲「狀況」，是因其並非短暫事件，而是一種持續性的常態。若以中式語彙來形容，可稱之爲「華夷同體」，亦即明朝的「華」人與海外的「夷」人（即被視爲野蠻人的外族）共構了地下經濟與黑市網絡。

「倭寇狀況」的各種面向

另一方面，日本長崎縣的平戶也成爲重要的貿易據點。在日本與宋朝或蒙古帝國進行貿易時，中心應該是博多，這大概是因爲博多更靠近東海的緣故。

無論如何，許多來自中國大陸的華人定居於平戶，使這裡如同「華夷同體」的城市而繁榮起來，情況與大陸沿海地區相似，因此也可將平戶視爲「環東海貿易圈」的一部分。最能象徵這種跨越邊界世界的人物，便是鄭成功——他父親是華人、母親是日本人。鄭成功日後以廈門爲根據地，並將勢力擴展至台灣，建立鄭氏政權，而他七歲以前都是在平戶度過的。

不久後，來自歐洲的船隻也開始抵達平戶。在「倭寇狀況」下形成的日中貿易體系，逐漸由歐洲列強擔任仲介與中繼。雖然這些「南蠻」、「紅毛」帶來了火槍與吉利支丹[5]，引人注目，但從整體來看，他們仍只是這場貿易中的配角。

雖然平戶設有多國商館，但幕府最後將這些功能全面移至長崎的出島，並強化管理。今日人們提起長崎與出島，往往聯想到荷蘭人的對外窗口，但其實當初聚集在那裡的主要還是華人。

至於「北虜」方面，沿著萬里長城也誕生了許多貿易據點，其中之一便是今日內蒙古自治區的呼和浩特。當蒙古與明朝交戰結束後，這座城市被稱爲「歸化城」，表面上是明朝用以宣示蒙古歸順的稱謂，但實際上，這裡是違反明朝禁令的貿易場所。

在這些據點上從事貿易，自然需要武力以確保安全，南方亦是如此。多數情況下，武裝力量以自衛爲主，但東北遼東一帶從事狩獵的女眞人卻有所不同。他們在與漢人交易的同時集結勢力，逐步壯大軍事力量，進而取得政治實力，最終建立清朝，取代明朝的統治地位。

5 吉利支丹（切支丹）是日本戰國至江戶時代對基督徒的稱呼，源自葡萄牙語「cristão」。十六世紀中葉，耶穌會士沙勿略前往日本傳教，許多領主皈依天主教，基督信仰迅速擴展。然而，自豐臣秀吉頒布禁教令、江戶幕府進一步迫害後，吉利支丹被視爲異端，許多信徒改入地下活動，成爲「隱匿的基督徒」。

居住地從山林移至沿岸地區

不論如何，十六世紀前後的日本，確實深受中國日益活絡的民間貿易，以及歐洲各國「爭霸」競爭的重大影響。雖然日本地方自古便逐步經濟自主、各自發展勢力，但這些趨勢受到海外經濟成長與社會變遷的強力推動而加速發展。

簡單來說，當時社會的變化可分為兩個主要面向。雖然兩者密切相關，為了說明方便仍可區分：其一，是庶民生活普遍富裕起來。除了生產提升與商業發展外，來自海外的技術與文化也促成了這一變化。

另一項變化，則是人們的生活據點從山間轉向沿岸。河口地帶的沖積平原經過治水後，濕地被開墾為耕地，改種稻作，使得糧食供應能養活更多人口。

而新田開發與住宅建設等土木工程的擴大與深化，除了仰賴新技術，更需要大量人力、物資與工具。為了動員與供應這些資源，商人、工匠與勞工逐漸匯聚於此，隨之而來的是衣食住等生活基礎設施的建置需求。

於是沿岸地區逐漸發展出都市，最終演變為如大坂與江戶等大型城市。從山間向海邊的人口遷移，成爲往後日本歷史的重要趨勢，而這股轉變正是始於這個時代。

統治體制在此時期開始重組，恐怕也並非偶然。這股變革首先表現爲應仁之亂，進而開啓戰國時代的下剋上局面。東洋史學者內藤湖南形容這段動亂爲「全日本的身分更替」，其根源不僅限於國內，更與中國與歐洲的同步變革息息相關，是日本歷史與世界局勢互動的結果。

應仁之亂本身基本上只是一場家族間的內鬥。從遠古到近現代，類似的紛爭可謂數不勝數，並非罕見之事。之所以引人注目，無非是因爲多數掌政名門皆參與其中，加上首都京都化爲焦土，場面極爲壯觀罷了。

然而如前所述，此亂前後民衆的生活確實出現顯著變化。因此，在觀察歷史時，將這段動亂視爲時代變遷的標誌，有其方便之處。內藤湖南之所以特別指出應仁之亂，也正是基於此考量。

因此，深入探究此亂的過程本身，其實意義有限。作爲偵探小說、醜聞或逸聞也許引人入勝，但價值有限。相比之下，更值得思考的，是此一時期社會結構的變動，以及導致這些變動的世界性背景。

名爲織田信長的變異體

筆者認爲應仁之亂之後的戰國時代，與大河劇所描繪的世界觀多少有所出入。因爲多數大名並不懷抱「問鼎天下」的野心，也未必時刻準備進軍京都。各地諸侯的領地規模極小，加上當時正值全球氣候寒冷期，他們幾乎已爲經營自家領國而疲於奔命。

當時整體經濟日益繁榮，是個只要努力耕耘就能見到成果的時代。在這樣的背景下，一些大名爲了獲取更多財富，便開始與鄰國競爭；又或者是爲了獲得先進技術與知識、甚至出於對都會的嚮往，而頻繁往來於京都。大致而言，大名們的目標大致止步於此，極少有人眞心想要一統天下、登臨權力頂點。

幾乎唯一的例外就是織田信長。他累積實力，接連征服周邊諸國，迅速崛起爲強國之主；更以「天下布武」爲號召，接連擊敗各地雄霸一方的戰國大名，幾乎將整個天下納入掌握。稱他爲日本史上空前的異數、如同突變般的存在，毫不爲過。

但若從歷史的視角來看，異變的出現往往也是某種必然。若無相應的環境與條件，就無法催生異變，即便發生也無法長久延續。因此，個體的異變其實往往象徵社會整體的變化與轉向，一旦這些變化成爲不可逆的進程，也就構成了歷史。這點與生物的進化道理相通。

衆所皆知，來自南蠻的火槍是信長的重要戰力來源，基督教傳入日本後，也孕育出數位吉利支丹大名。這些並非突發的事件，而是長期以來與中國，或透過中日貿易與歐洲接觸的成果。換言之，所謂的「倭寇的狀況」的擴延，促成了信長的誕生，也大幅改變了整個日本社會。

以下剋上與身分制度

另一個與戰國時代密切相關的印象，就是「以下剋上」。信長與秀吉堪稱這種現象的代表。從日本社會的結構來看，當時正是最容易發生以下剋上的時期，這種現象在當時也確實大量湧現，原因在於「上位者」的存在感日益淡薄。無論是武士、農民還是商人，當時的職能與身分差異並不顯著，加上中日貿易帶動整體庶民生活水準的提升，經濟上的貧富差距也隨之縮小。

如果僅僅觀察日本國內，身分制度當然仍舊存在；但若從世界史的視角來看，日本當時的身分差異實際上非常有限。舉例來說，同一時期的明朝中國，民間與地方勢力迅速壯大，庶民文化也大放異彩。其中最具代表性的例子，就是「陽明學」的興起，不只知識分子參與，連庶民也能涉足，其中還出現了「萬物一體之仁」的思想。但換個角度來說，正因爲社會中階級與身分的差異過於分裂，才需要如此強調「一體」。

反觀日本，織田信長與豐臣秀吉則反其道而行之，推動兵農分離，藉由職業將社會明確區分，試圖將原本混然一體的社會重新加以分工與階層化，以建立穩定的秩序。

到了江戶時代之後，幕府正式建立了著名的「士農工商」身分制度。原因在於：若全社會階級地位平等，就會像豐臣秀吉那樣，出現許多來自農民階層、卻意圖問鼎天下的人物，這樣的情況將不利於政治的穩定。這一點與當時的中國形成鮮明對比。

也可以說，正因爲以下剋上的實現變得容易，地方的領國經營與政治反而因此得以穩定。戰國時代的領主當中，有不少人物的出身背景不甚明朗。從另一個角度看，他們就是在地社會中自然冒出來的草根型領袖。正因爲如此，他們才能推行更貼近當地百姓的施政方針。

總而言之，日本歷經應仁之亂與戰國時代，在社會結構劇烈變化之下，終於步入江戶時代。若依前述的時代劃分，從這裡開始，日本終於迎來了「近世」。

「国家」の成立

第四章 「國家」的成立

【江戶開府—元祿、享保時代】

從江戶時代進入「近世」

日本史將江戶時代稱爲「近世」，已是理所當然的稱呼與慣例。然而，對東洋史的學徒而言，這種慣例顯得相當奇特；對於毫無疑問地接受這種稱呼的日本史界，也不免感到疑惑。說得誇張一點，甚至讓筆者對日本史本身，以及從事其研究的人抱持一絲不信任——畢竟，學問之所以爲學問，正是應該質疑世人視爲理所當然之事。

「近世」這個詞，與中文的「近代」意思相近[1]。或許是明治時代爲了加速邁向現代化的日本人，爲了將明治維新前的江戶時代作爲「最接近現在的過去」來區分，才特地創造出「近世」這個說法。若只是這樣也就罷了，但眞正的問題在於其後：既然將江戶時代統稱爲「近世」，那麼就必須爲這段時代賦予某種共通的內涵才說得通。

順帶一提，根據前述的內藤湖南說法，中國的「近世」始於十世紀中葉的宋代。如果「近世」與「近代」意義相同，那麼內藤就是將宋代一直到他所身處的十九世紀末至二十世紀前半，視爲一個持續不變的時代。這應該正是內藤湖南對歷史的眞實感受。

然而，歷經二十世紀之後，我們已無法再以內藤湖南的視角理解歷史。中國史與日本史本來就有所不同；即便僅談日本史，深受西洋現代強烈影響的明治以後時代，無論對當時還是現代的日本人而言，都已與江戶時代截然有別。

因此，前文提到的宮崎市定曾主張，應將十九世紀後半至二十世紀之後的中國視爲「最近世」（即現代），因爲此一時期的中國深受歐洲影響，整個時代與社會結構已發生劇變。換言之，宮崎對東洋史與日本史的時代劃分，其實與前述觀點不謀而合。

至於西洋史，則是自十四世紀文藝復興以來一直以「Modern」（現代）來統稱該時期。不過，由於這樣的劃分未能反映實際狀況，後來便以十八世紀的工業革命與市民革命爲分界，將此前稱爲「Early Modern」（早期現代／近世），將其後的工業化與民主化社會稱爲「Modern」（現代）。如果我們將「Early Modern」視爲「近世」，「Modern」視爲「現代」，

1 編註：日文中的「近世」是歷史學上的分期用語，指介於「中世」與「近代」之間的時期，約爲十六世紀至十八世紀。這個分期源於歐洲史學，後由日本學者如內藤湖南引入中國史研究，視宋以後至清爲中國的「近世」。日本史的「中世、近世、近代、現代」，所對應中文語境下的時代分期，分別爲：中世紀（Medieval）、近世或早期現代（Early Modern）、近代或現代（Modern）、當代（Contemporary）。不同語境中的「近代」與「現代」譯法不一，需依歷史傳統加以辨析。

那麼儘管時間軸上稍有出入，西洋史在時代劃分上終究也與東洋史與日本史達成一致。

回到日本歷史來看，江戶時代的確不同於明治以後的時代，也與之前被稱為「中世」的時代有明顯差異。正因如此，將江戶時代獨立劃分為「近世」，無疑具有深遠的意義。

再者，既然東洋史與西洋史皆有「近世」的時代區分，那麼彼此進行比較也就更為便利。事實上，如何理解與詮釋這兩個世界各自的「近世」，也早已成為學界熱烈討論的課題。

■ 十七世紀曾是「危機四伏」的時代

就讓我們先快速掃描歐洲「近世」的發展脈絡。十四世紀的歐洲，出現了文藝復興運動後，接著進入大航海時代，景氣高漲，這段時間可視為近世的初期階段。然而好景不常，在這段繁榮期結束後，歐洲各國之間的內部衝突逐漸浮上檯面。歐洲本就常處於內鬥狀態，加上當時正值全球氣候寒冷期，只要環境條件稍有惡化，就可能對生命造成威脅，因此這些衝突最終演變為激烈的生存競爭。

最具代表性的例子莫過於十六世紀初開始的「宗教改革」，以及以此為導火線、發生於十七世紀前半的「三十年戰爭」。在日常生活隨時可能面臨生死危機的情況下，人們試圖追求眞正信仰的精神轉向，是可以理解的。也正因如此，「正確的信仰」竟反過來成爲賭上性命的戰爭火種，這種結果未免太過諷刺，但歷史往往就是如此殘酷。三十年戰爭席捲整個歐洲，造成無數傷亡，導致德意志地區人口大幅減少，成爲極爲慘烈的戰爭。在西洋史中，這一連串的歷史進程甚至被稱爲「十七世紀的危機」。

這場危機過後，十八世紀工業革命揭幕，歐洲因而逐步富強起來，進而展開席捲全球的征服之路。若從時代劃分來看，這正是所謂「現代」的開端，尤其以英國的崛起最爲明顯，它掌握了歐洲乃至世界的霸權。

與此同時，十七世紀的東亞也迎來「危機」。自十四世紀以來延續至今的明朝政權，到了十六世紀後已日趨衰弱。當時不僅面對大航海時代帶來的外壓，「北虜南倭」、武力集團的邊疆擾亂、豐臣秀吉的朝鮮出兵、農村的饑荒，以及都市的暴動，使得明朝深陷內憂外患的混亂局面，走向持續衰退。雖然這些困境部分來自明朝施政不良，但也顯示出一股想要推翻整體體制的力量正在醞釀並爆發。

到了十七世紀，政權內部的經濟與社會矛盾已趨於常態化，明朝最終被全面否定。在尋求新體制的過程中，新興的清朝順勢崛起，展開其統治。

換言之，十七世紀對西洋史與東洋史而言，皆是經歷重大混亂後，才逐步走出困境、尋得方向的關鍵時代。正因如此，有些觀點認爲，應將這段具有共通性的時期，統稱爲「近世」。

反觀日本列島，在十六世紀結束戰國時代後，於「危機」四伏的十七世紀建立了德川幕府，政局步入穩定。這即是日本的「近世」，雖比西洋與東洋略晚起步，但若從這角度來看，日本史的確也是世界史的一環。

分工化與開發的時代

一如前一章所述，當時的戰國大名並非人人都懷有「逐鹿中原」的野心，他們更關注的是如何開發自己的土地，使領國變得更加富庶。

隨著開發逐步推進，與鄰國之間的競爭與衝突勢所難免。爲了解決這些糾紛，便需要有能調停的領袖出面，或是在治安惡化時設置維持秩序的防衛隊。這些組織逐漸壯大，最終在各地同步發展成爲領主政權或戰國大名的形式。這些領袖有可能是傳統的名門貴族，也可能是從外部延攬的實力派人物，甚至來自內部推舉的基層出身者。重點在於是否能勝任組織的領導工作。反之，若無法勝任，不論出身如何，最終都會被排除。因此，即使被統稱爲戰國大名，其背景與經歷其實極爲多樣。

在這之中，部分戰國大名更從特定區域中脫穎而出，發展成強大的勢力。經濟基礎的充實、是否能掌握時機吞併鄰國，以及能否導入土地開發或火槍等技術革新，都是勢力壯大的關鍵。

技術革新推動了分工現象的發展。原本農民需自力開墾土地、從事農耕、同時還得自衛，但這樣人力與時間都難以兼顧，因此逐漸發展出技術開發者、農民、商人與武士等各自專責的職業體系。

這種分工制度自然而然提升了整體社會的效率，而越能有組織地推行這類變革的大名，勢力也就越能擴大。例如中國地方的毛利氏、關東的北條氏，東海的今川氏，皆爲此種趨勢的代表。

隨著社會效率提升，人們的居住空間也發生了改變。過去最宜居的地區是如京都般的

圖 4-1 ｜進入戰國末期之後的居住環境變化

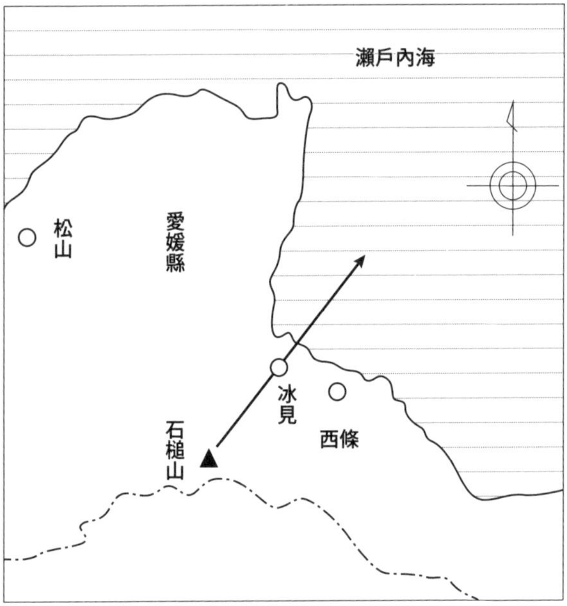

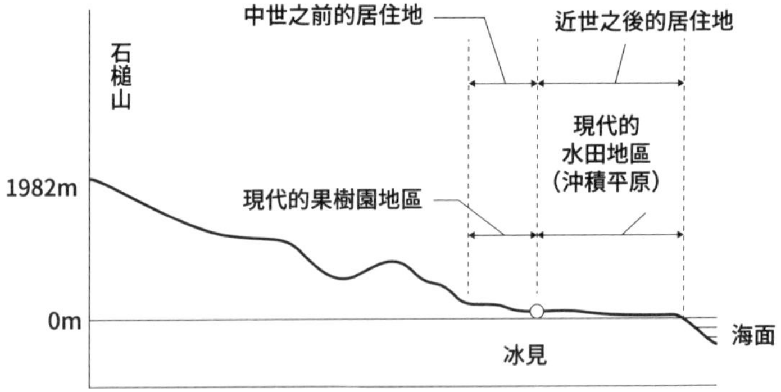

居住環境的變化

（出處）大石，1995。

山谷盆地，因爲盆地之上的高地坡度太陡，而低地則因爲潮濕不利居住。但隨著技術發展，廣大的低地沖積平原也逐漸被開發爲農耕與居住用地。

這一轉變的典型例子，可見於圖4-1所示的愛媛縣西條市冰見地區。在室町時代以前，主要的耕地與居住地僅限於內陸的部分地區，然而自戰國時代末期進入近世之後，農地與住區逐漸拓展至臨海的沖積平原。這種現象幾乎遍及全國，甚至首都等大城也不例外。例如在畿內、關西地區，中世以前是京都繁榮一方，但進入近世後則由大坂[2]取而代之。又如關東地區，重心也從山間的鎌倉轉移到平地海濱的江戶。

這種變化也催生了眞正的都市。在此之前，日本除了京都這座模仿中國樣式而設、有商工業機能的城市之外，其餘聚落多半只是村莊或農村。從全國來看，人們幾乎都從事農業，職業區分極爲模糊，因此也沒有集中居住的必要。

2 編註：本書使用的「大坂」一詞，乃依據歷史原名而非今日通行的「大阪」。「大坂」從十五世紀末開始見於歷史文獻，而從江戶時代以降，「大阪」漸成通用名稱，明治以降正式改名，據傳爲避諱「坂」字可拆作「士反」，寓有武士叛亂之意，故改用「阪」爲新字。

都市化與人口增加

不過，當農民、商人、武士等各種職業分化之後，人們也開始各自選擇最適合自身職務的居住地。比方說，商人傾向選擇交易便利的大型聚落，而武士則多半居住在主君周圍。於是，日本歷史上首次在農村之外，誕生了獨立於農業社會的都市形態，也就是所謂的城下町。

特別積極推動這類都市化並以組織之力實踐的，是織田信長與豐臣秀吉，其中最具象徵性的例子便是秀吉所建造的大坂城。在此之前，城堡多為軍事要塞性質的山城，而大坂城則是建於都市核心的平城。秀吉選擇在平地興建此城，無疑是有意配合都市建設與政治運作之需。

放眼世界史，這類都市化形式幾乎找不到對應的例子。無論中國或歐洲，皆以建城牆圍繞、集中居住的城郭都市為主體，農業活動則在城外展開，市場則定期開設。日本之所以成為例外，很可能是因為階級差異較小，幾乎人人皆為農民，加上幾乎沒有習俗與語言迥異的異族入侵，因此各地無需特地築牆防禦。

圖 4-2｜日本與中國的人口變化

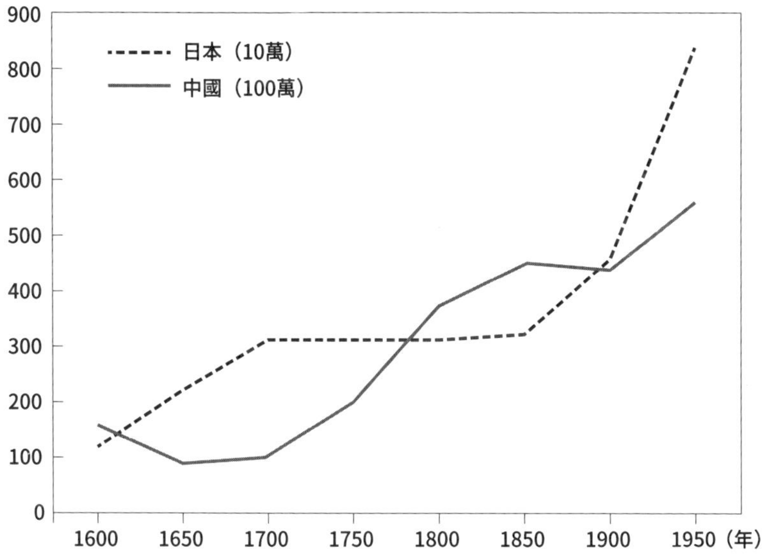

（出處）岡本，2019 [c]。

而眞正承襲織田、豐臣都市化策略，並將具制度化與穩定化的，是德川幕府。正因如此，在同爲十七世紀、歐洲與中國面臨「危機」的時期，日本卻迎來開發與成長的黃金時代。

這一趨勢的明證，正體現在人口變化（圖 4-2）上。中國人口自宋代達到一億左右後，長期維持在相對穩定的水平，直到明朝因經濟成長才出現增加。然而進入十七世紀後，受到政局混亂與經濟衰退的影響，人口開始減少，甚至跌破一億人。

與之相對，日本的人口在同樣的十七世紀百年間，從約一千萬人增加到三千萬人，成長幅度高達三倍。人民自山區移居至低地，形成都市，並在無大規模混亂的情況下推進分工與經濟開發，這些皆爲人口迅速增長的明確證據。

江戶、大坂、京都並立的「三都」體制

在這些都市或城下町之中，集當時土木技術之精華所建造的都市，莫過於德川的大本營「江戶」。德川家不僅讓江戶面向海洋，還改變了河川的流向，將江戶規劃成以江戶城爲中心、呈漩渦狀展開的城市。換言之，江戶幾乎可說是從零開始建設的人造都市，在各種嘗試與修正中逐步發展，逐漸具備了作爲首都的功能。直到十八世紀前半爲止，江戶仍是一座以政治機能爲主的城市（圖4-3）。

與此同時，統治系統的整備也同步進行。知名的「參勤交代」便是其中一例。其實這套制度並非德川幕府首創，而是仿效秀吉政權的作法。當時各地大名原本就有來往京都、吸收先進文化與技術的風氣，而秀吉則將這項習慣制度化，作爲對其拜謁與表明臣服的

圖 4-3 ｜江戶的都市概念圖

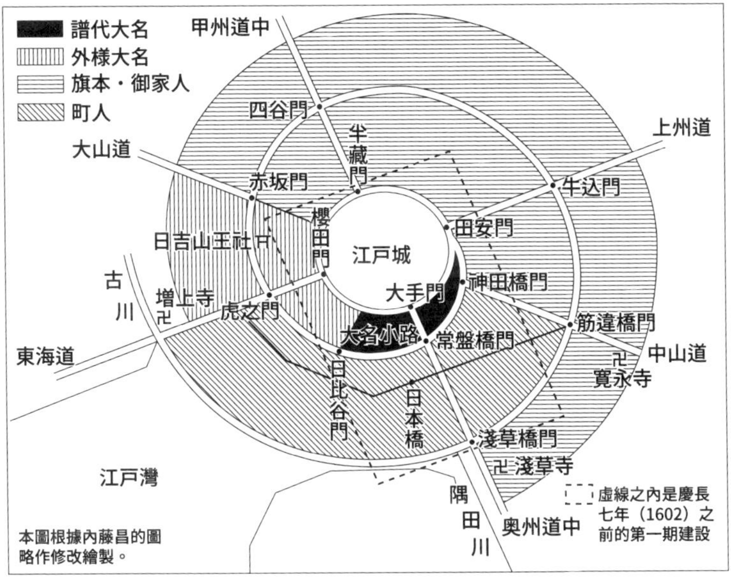

（出處）水本，2008。

方式。

德川幕府延續了這套制度，不僅要求各地大名前往江戶述職，還提供土地讓他們在江戶城下建造宅邸，這些宅邸在江戶與地方間的交流中發揮了關鍵作用。

不過，初期的江戶仍主要是政治中心，文化與經濟的重心依舊在京都與大坂。換言之，除了江戶城之外，大坂城與二條城也仍是重要的政權據點。象徵江戶時代前期的元祿文化，主要也在京都與大坂等上方地區蓬勃發展，自然不令人意外。

或許從幕府的立場來看，他們原本希望在政權建立之際，連同經濟與文化也一併轉移到江戶，但很快便意識到這並不容易實現，因此選擇保留京都與大坂的原貌，轉而尋求以遠端方式進行治理。

換句話說，江戶時代長達二百七十餘年，可視爲江戶不斷從京都與大坂汲取經濟與文化資源的時期。直到進入明治時代、正式改名爲「東京」之後，江戶才眞正具備名副其實的首都風範。

無論如何，江戶時代的日本正是以江戶與京都的二元體制，或江戶與京都、大坂的三都體制爲起點。而這種都市間分工，也可視爲個人層次的社會分化，擴展至國家與政權體系的結果。

這樣的體制也對地方產生了廣泛影響。三都之間往來日益頻繁，使許多作爲中繼據點的地區得以繁榮發展，各地開始在低地築城，並於周邊建起城下町。

如前所述，直到室町時代爲止，日本幾乎不存在眞正意義上的都市。進入江戶時代之後，城下町這種城市形態才在全國各地落地生根，並逐漸發展成城市，也成爲今日許多都市的原型。

都市與農村

內藤湖南曾說：「應仁之亂之前的日本歷史，不需深究」，因爲像都市這樣與今日相連的事物幾乎不存在。就這層意思而言，這番話可謂一針見血。室町時代以前的日本，可說是與現代截然不同的另一個國家。

村落的形態也大幅改變，與町徹底區分，純粹成爲從事農業的地區。過去農民兼具武裝地侍的身分，但如前所述，隨著職業分化，以及秀吉實施的刀狩令[3]，兩者徹底分離。人們被劃分爲繼續當農民或成爲武士兩種身分。

另一方面，原有的村落社群仍然保留，村中有名主或庄屋等領袖，也有村規存在。領主爲了掌握整個區域，往往仰賴這些領袖以社群爲單位進行管理。換言之，各村具備一定

3 編註：「刀狩令」是豐臣秀吉於一五八八年頒布的政策，禁止武士以外的僧侶與平民擁有刀劍、槍枝等武器，目的在於解除農村武裝、推動「兵農分離」，以穩定社會秩序。秀吉藉此遏止一揆（農民叛亂），並將收繳武器熔鑄爲大佛釘子，賦予象徵性意義。

程度的自治。也有如竹越與三郎的研究者，將名主、庄屋比作英國的鄉紳階級。

但村落並未完全脫離領主掌控。領主需掌握村內人口與收成情況，稱為「村高」，並依此透過「村請」制度按村徵收年貢。反過來說，只要年貢如期繳納，其餘細節如分擔比例等多交由村內自行處理。

多數領主原本也是地方武士出身，對村務熟稔，因此即使頒布規範，也不致偏離實情，反而多與村規互補。

無論是成為町民或村民，多只是基於效率與合理性，實際上本質相同，也因而易於互相理解與依存。江戶時代的社會正是建立在這樣的基礎上。

因此與戰國時代不同，能有效預防戰爭與內亂於未然。幕府也正是透過制度化這套和平基礎，實現了穩定的政權運作。

「日本人」的形成

話說回來，提到江戶時代，許多人會聯想到「鎖國」，但實際上當時並非眞正封閉國門，不少專家甚至認爲不應將當時的狀況稱爲「鎖國」。

秀吉時代的確開始鎮壓基督徒。不過如前一章所述，自基督教傳入日本以來，各地大名積極吸收西方技術與文化，甚至九州還出現皈依基督教的大名，但這股風潮最後被秀吉強行扼殺。

德川幕府延續了這項政策，全面禁教。尤其自一六三七年爆發島原之亂後，對基督徒的鎮壓更加徹底。當時施行名爲「宗門改」的戶籍制度，個人需證明自己不是基督徒，才得以被視爲當地社群的一員，進而被承認爲日本社會的一部分。這是一種極端的國民身分認定制度，透過「宗門改」明確區分「日本人」與「非日本人」。

同時，這也成爲幕府掌握民眾動向的工具，無疑有助於維持社會穩定。這是日本歷史上首次由政權主導的此類措施，而類似作法在西方社會則早已行之有年。對統治者而言，將權力與民間信仰、宗教組織結合，是鞏固統治體制的必要條件。

與之相對的是中國，由於缺乏與權力結合的民間信仰或宗教組織，歷史上政權幾乎無法直接有效掌握一般庶民與基層社會。這樣的狀態延續至今，成爲中日社會的重要差異之一，而其分歧的起點正可追溯至江戶時代初期。

幕府原本無意「鎖國」

然而，幕府並未完全排除與海外的交流。當時的日本若要持續開發、推動經濟發展，就不能斷絕與中國、東亞，乃至南蠻紅毛的貿易與技術交流。因此，日本將對象國限制爲荷蘭與中國，港口也僅開放長崎，但仍持續進行對外貿易。順帶一提，提到長崎，人們常聯想到如扇形排列、設有荷蘭商館的「出島」人工島，其旁其實也有一座長方形的「唐人屋敷」，是專爲中國商人設置的出島。

此外，日本也與其他國家如朝鮮王朝與琉球王國保持聯繫。歷史學界將這類外交形式稱爲「日本型華夷」。所謂「華夷」，是指中華思想或華夷秩序，即認爲自身是世界中心，優於周邊諸國的觀念。德川時代的對外意識與外交關係，雖不完全符合東亞史上的「華夷」

模式，但當時中國是唯一的參照對象，語言也以漢字、漢語為主，史料中遂以「日本型華夷」作為便利的描述方式。

具體而言，除了長崎對荷蘭、中國的貿易外，尚有三大對外窗口。第一個窗口是來自朝鮮的「通信使」。江戶幕府將其比擬為中國朝貢體系中的使節，視為朝鮮來貢之使者，然朝鮮方面並無此意，只是依日本要求，依儒教禮制進行訪問。尤其作為長期交涉與仲介者的對馬藩，為維持與朝鮮的經濟往來，常處於不得不低頭維繫關係的角色，而朝鮮也據此理解整個日本的立場。事實上，直至今日，仍有不少韓國人認為對馬一帶應屬韓國領土。

第二個窗口是南方的琉球，在幕府將軍更替時派出的「慶賀使」。琉球原由薩摩藩以武力控制，幕府亦認定其為藩屬。但由於琉球同時是中國的朝貢國，幕府遂對中國「隱匿」與琉球的實際關係。而琉球一方面受薩摩支配，一方面又以中國為後盾，形成微妙的自立姿態。最後，第三個窗口則在北方——松前藩與愛奴人的貿易。

不論如何，江戶時代的日本擁有明確的「國家」意識，在有限且時常不穩定的情況下，仍建立並維持對外關係，持續進行外交與交流。

長期經濟成長的結束

十七世紀的幕府在某種程度上確實在內政與經濟政策上取得了成功。隨著統治制度趨於完備，國家得以大規模開發、經濟成長，時代也從戰亂進入和平，政治體制亦由武斷轉向文治。不依賴武力、以低成本維持秩序，可說是幕府最重要的成就。

然而從十七世紀末的元祿時代起，即五代將軍綱吉的治世開始，幕府便面臨體制調整的壓力。例如新設的將軍近臣職位「側用人」正是為了因應這一轉變。

最能清楚反映時代轉折的指標是物價走勢。從米價觀察，十七世紀中期以來持續呈現緩慢通膨，進入十八世紀後則加劇上升（圖4-4）。有專家將此現象稱為「元祿泡沫」，雖對其泡沫程度仍有爭議，但景氣延續的事實無庸置疑。

造成這種現象是有其背景的。綱吉的側用人柳澤吉保任命荻原重秀為勘定奉行，為挽救瀕臨破產的幕府財政，荻原推動增鑄元祿小判，即降低貨幣價值以增加流通量，自然導致通膨擴大。

荻原之所以採行此策，應是參考中國的歷史經驗。明清兩代雖不管理貨幣，但在此之

圖 4-4 ｜江戶時代的米價變動（每石平均的銀匁）

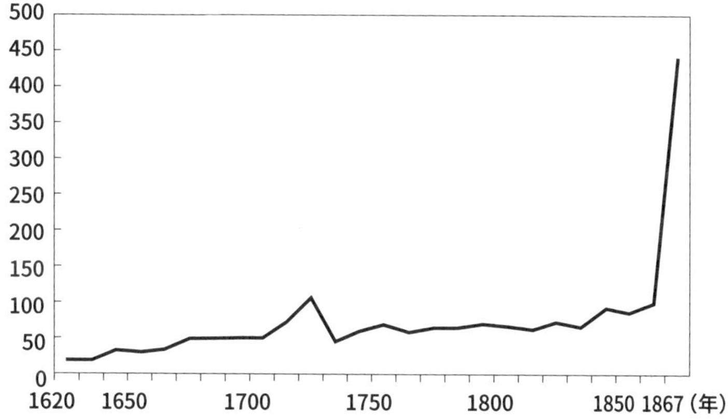

（註）1700年以前的數據來自廣島，1701年之後則採用大坂的資料。直至1860年爲止的數值爲10年平均，1860至1867年間則爲7年平均。不過，1866年價格暴漲至1327匁。
（出處）岡本，2019［c］。

前的宋朝不僅鑄造宋錢，還領先全球發行紙幣。亦即，從賦予金屬本身價值的貨幣，轉向以發行者信用爲基礎、以面額代表價值的貨幣體系。荻原深入研究了這一機制，並引用紙幣案例主張：「貨幣是由政府創造的，即使是瓦礫，只要獲得認可也能流通。」

荻原是日本首位試圖導入貨幣管理制度的官員，然而幕府內無人能理解這種概念。當通膨因貨幣供給增加而加劇，對荻原的批評隨即四起。

帶頭反對者是六代將軍家宣的侍講、朱子學者新井白石。他下令回收荻原改鑄的小判，恢復原本的貨幣流通，由此造成幣值急升，十八世紀前半的經濟瞬間從通膨轉爲通縮。

雖然白石被八代將軍吉宗罷黜，但吉宗仍被迫與頑強的通縮對抗。直到十八世紀後半，田沼意次掌權後，物價才逐漸趨於穩定。

因金銀枯竭而「鎖國」

這裡的關鍵在於，從戰國時代以來因全面開發而持續成長的經濟，在十八世紀初出現變調，日本歷史也由此進入新的循環。從此直到幕末，幕府始終疲於應對這場經濟動盪。

此外，造成經濟變化的原因之一，是貿易面臨重大轉折。

要持續從海外進口物資，自然需要支付對價。十六至十七世紀間，日本主要以自國開採的黃金、白銀等貴金屬作爲幾乎唯一的出口品，藉此自中國購買銅錢，進而進口生絲與棉花，顯示出日本經濟的富裕與對時尙的高度關注。

然而，到了十七世紀末，貴金屬開始枯竭，出口品從金銀退化爲銅，後來又轉爲海產，呈現出質量逐步下滑的趨勢，連帶也使進口品的品質與數量雙雙下降。

進一步促使日本貿易轉型的，是新井白石所提出並於一七一五年實施的《海舶互市新例》。該法旨在防止貴金屬流出與遏制走私，強化貿易數量的限制與管理，同時也積極推動如生絲等進口品的國產化。

在這樣的政策推動下，日本逐步陷入貿易與交流皆極度稀少的實質鎖國狀態。也就是說，幕府並非一開始就有鎖國的打算，而是出於經濟壓力，不得不走向「鎖國」。

這波鎖國政策的影響不僅限於日本國內，連出口國中國也遭受波及，經濟陷入嚴重衰退。早在十七世紀中葉，明朝已經滅亡，政權轉移至清朝。然而在轉換過程中長期內戰使得國內民生凋敝，此時與日本貿易縮減更雪上加霜，使中國步入一段艱困的「危機」時期。直到十七世紀末恢復和平，並找到新的貿易對象，中國才逐漸走出困境。

「國家」意識與東亞秩序的錯位

江戶時代也是預示日後日本外交走向的時代。這點與前文所提，將德川幕府的對外關係稱作「日本型華夷」，卻難以與東亞「華夷秩序」相提並論，有密切關聯。

如前所述，幕府透過對馬藩與朝鮮半島維持交流，但雙方始終處於誤解交織的非對稱關係，最具代表性的象徵之一便是「日本國王」的名義。

日本原本並不存在「國王」這一地位，但在以中國爲核心的東亞秩序體系中，作爲一地之主的「國王」不可或缺。尤其當朝鮮的領袖被稱爲「朝鮮國王」，日本的對應者若非「日本國王」，則在名義上顯得不對等。

因此，早與朝鮮往來頻繁的對馬藩長年以「日本國王」的名義派遣使節。後來對馬藩納入幕藩體制，成爲日朝之間的中介後，更主動在幕府致朝鮮的文書中擅自添加「日本國王」之稱。爲了持續派遣使節，不得不不斷送出僞造國書。

然而，一六三一年，對馬藩的一名家臣將此事告發給幕府。時任將軍的德川家光雖責難該名家臣，也譴責對馬藩僞造國書的行爲，但仍維持其作爲日朝間中介的角色，因爲對馬藩長年積累的談判經驗與體制，對維持穩定關係不可或缺。

但關於將軍的頭銜問題，之後仍多所搖擺。此事件後，幕府改以「日本國大君」作爲將軍稱號。至第六代將軍家宣時，精通漢籍的儒學者新井白石曾試圖改革日朝關係，一度改用「日本國王」，但未能持久的沿用下去。

一方面，日本人對「國王」這稱號並不熟悉；另一方面，談到最高領袖，大多認爲應是天皇而非將軍。最終，第八代將軍吉宗再度改回「日本國大君」，此稱號一直沿用至幕末。

重點在於，這個稱謂問題的起因並非源自國內，而是來自外交。最初是對馬藩爲了「迎合」朝鮮而使用「日本國王」之名，事蹟敗露後，又創造出「日本國大君」一詞。

從日語角度看，「大君」的地位高於「國王」，但在朝鮮所用的漢語中，「君」則低於「王」。也就是說，當時的日朝關係表面上看似對等，實際上卻各自懷有輕視之意：幕府看不起朝鮮，朝鮮也不將幕府放在眼裡。雙方彼此誤會，卻又各自維持這套表面和平的裝置。在東洋史或朝鮮史領域中，與鄰國的交流稱爲「交鄰」，但日朝之間並非單純的對等鄰國關係，而是更爲複雜的結構，值得進一步研究。

此外，日本與琉球的關係也建立在某種程度的欺瞞之上。琉球雖是中國的朝貢國，但其內政卻受到日本干預。按理說，中日兩國應因此產生衝突，但實際並未發生。

原因在於，琉球在日本授意下，一方面持續與中國保持朝貢關係，另一方面則刻意對中國隱瞞與日本的聯繫。換言之，雖然日中雙方對琉球的態度不同，卻都選擇不介入對方與琉球的關係，而琉球也藉此在兩者之間取得某種自治地位。

無論是朝鮮還是琉球，若要讓其與日本的關係納入東亞秩序體系，勢必需要某種「黑箱機制」。簡言之，日本的統治體制與東亞格格不入。而這種不協調的起點，正與禁絕基督教的歷史時期相重疊——也就是日本開始明確區分「日本的」與「非日本的」之際。當日本的「國家」意識愈加明確，與東亞的距離也就愈加拉開——這種疏離，或許至今仍在延續。

「凝集」

第五章 凝聚中的日本

【享保時代—開國前夕】

する日本

享保改革是「與中國脫勾的改革」

前一章大致介紹了十七世紀的日本如何逐漸產生作爲「國家」的意識。當時日本一方面與歐洲及亞洲保持政治與經濟上的往來，另一方面卻也逐步脫離亞洲史的軌道，走上獨立的發展路線。這也可以說是現代日本的起點。

到了十八世紀，日本在物質與精神兩個層面上更加刻意與中國保持距離。

首先在「物質」方面，體現在貿易的減少。

直到十七世紀中葉，中日之間的貿易關係仍相當緊密。然而，隨著日本的金銀資源日益枯竭，貿易規模必然縮小。與此同時，日本開始轉向國內生產過去依賴從中國進口的物資，如生絲、棉花與茶葉等，成爲所謂以國產替代進口的轉捩點。

前一章也提到，十七世紀末期，日本經歷長期開發與景氣成長後達到飽和，經濟開始下行，十八世紀則面臨因應整體經濟結構變動的重大挑戰。

至於「精神」層面，則表現在對漢字文化與儒教文化的疏遠。

從三代將軍家光到五代將軍綱吉，將近百年的期間，幕府奉行文治政治。這一傾向可從當時興建的湯島聖堂[1]窺見端倪，背後是對儒教與儒學的高度崇敬，也因此中國漢籍大量輸入日本。

然而進入十八世紀後，這樣的趨勢開始轉變。最具代表性的是八代將軍吉宗推行的「享保改革」[2]。這項改革極為知名，幾乎所有教科書都會介紹，相信許多人耳熟能詳。但若從對中國儒學的態度來重新思考這場改革，也許能發現截然不同的意義。

1 編註：湯島聖堂是江戶幕府於一六九〇年（元祿三年）依儒教制度興建的孔廟，位於今天的東京文京區，為五代將軍德川綱吉命林羅山遷建而成，後成為幕府最高學府「昌平坂學問所」所在地，為現代日本教育制度奠定基礎。

2 編註：享保改革是江戶幕府第八代將軍德川吉宗於一七一六年起推行的一系列政治與經濟改革，以振興幕府財政與重整社會秩序為主要目標。改革內容廣泛，涵蓋貨幣整頓、農政振興、物價穩定、法制建設與文教政策等，並設置目安箱、推行「足高制」、建立小石川養生所等措施。此為江戶時代三大改革之一，奠定後世寬政與天保改革的基礎。

■ 文治政治、武斷政治與中國

文治政治常與早期的武斷政治相提並論，指的是奠基於儒教的德治主義，以及相關的法制與政治手段。若問儒教與德治的源頭，也就是中國的政治是否優秀，答案當然是否定的。

簡而言之，傳統中國的政治實態是官民分離。中央與地方雖皆設有官僚，卻多半流於紙上談兵，缺乏實際作爲。

庶民則處於幾乎被放任的狀態。地方行政由「親民官」、「牧民官」等基層官僚負責，但其主要職責爲徵稅、維持治安與執行刑罰，與民間接觸極爲有限。

在日本史中，「民治」這類詞彙常見。姑且不論實際情況如何，這個詞本身便蘊含官僚爲「人民」著想，提供生活與公共服務的意象，是以「人民」爲本位、由下而上的治理概念。

反觀中國，這樣的詞彙幾乎不存在。雖並非完全沒有，但在當時的中國社會中幾乎不見使用。相對應的概念是「吏治」，但目前並無適切的日語可準確對應。顧名思義，「吏治」

以「吏」爲核心，是自上而下的治理方式，這點與日本有顯著差異。此詞大致意指地方行政或政績，實際上主要指「親民官」的行政行爲，內容限於徵稅與刑罰，難以稱爲日本所理解的「治理」。

將軍綱吉與新井白石應不可能推行這種政治。他們的想法應是：戰爭既已終結，軍政亦告結束，接下來應該以學問、道德與文化爲統治根基。而當時所謂的學問與道德幾乎僅限儒學，的確有意將其理念普及至庶民。因此一提到文治政治，便自然聯想到儒教與中國。

然而，奉行武家精神的吉宗無法接受這樣的政治形式。他厭惡儒教流於虛華文飾，傾向回歸家康時代，亦即復興武斷政治。這同時也反映出他對國政傾向中國模式的警戒，並希望遠離中國，走向自戰國時代以來的本土化路線。

如前所述，武士僅是自農民中分化出的職業，其根基仍與土地緊密相連。其中有戰國大名興起，最終由德川家康建立霸權。吉宗意圖仿效當時，使幕府、大名與其領內百姓合爲一體。有人甚至將這樣的江戶社會趨勢形容爲「脫亞」，吉宗的政策與志向，確實也可視爲對此趨勢的回應。

值得一提的是，同樣深受中國影響的朝鮮半島，當時並無「脫離中國」的傾向。自明代以來便一貫奉行朱子學，幾乎純化到排除儒教其他學派的地步，儒學考證學雖在中日盛行，卻未能傳入朝鮮。至於像吉宗這樣推崇武斷政治的想法，更是不曾出現。

但若因此認爲朝鮮完全依附中國，也不盡然。事實上，當中國由明朝轉入滿洲人統治的清朝後，朝鮮對中國已開始抱持輕視態度，認爲一個被「野蠻人」統治的中國已然淪落，反倒自認才是眞正繼承朱子學、延續「中華」文化的中心。

只是，雙方國力懸殊，朝鮮並未展現任何反抗姿態，始終維持對中國的表面臣服。隨著使節往來的頻繁，也有部分朝鮮的統治者與知識分子開始認爲，清朝亦有可資借鑑之處。

不論如何，十七至十八世紀的中國、日本與朝鮮表面上看似和平共處、猶如同胞，實則同床異夢、吳越同舟。

無法擺脫「通貨緊縮」

吉宗推行「享保改革」的第一步，是下令編撰《公事方御定書》這本基本法典，並在全國進行實地調查。他之所以排斥文治政治，是因爲不滿其流於繁文縟節與表面裝飾，容易導致政治脫離現實。他反對儒學與道德掛帥，轉而重視法律，以實況爲基礎制定法規，並以此施行統治。調查與法治也成爲一連串改革的核心。

除了上述的改革之外，更值得關注的其實是經濟政策，尤其是財政重建與擺脫通貨緊縮。關於財政重建，吉宗採取最原始的手法：徹底削減支出，並透過稻米增產提高年貢，藉此改善幕府財政。

然而，通貨緊縮的問題依然難解。正如前章所述，隨著經濟發展與大規模開墾，稻米產量雖然持續上升，但自元祿時期起，金銀逐漸枯竭，導致貨幣流通量減少，經濟陷入通貨緊縮。當時的勘定奉行荻原重秀爲因應此問題，試圖透過降低金銀含量改鑄貨幣來增加流通量，但接任的新井白石否定此政策，讓貨幣價值回復原狀，反而加劇了通貨緊縮。

後來的吉宗則擱置貨幣政策，一心投入新田開發與稻米增產，同時施行儉約政策以抑制政府支出。結果，通貨緊縮的狀況依舊未解。吉宗雖被稱爲「米將軍」，卻並非讚譽，而是帶有譏諷之意——批評他僅靠稻米增產應對經濟問題，卻無力遏止米價下跌。

國內產業結構的變化

差不多從新井白石的時代開始，日本國內經濟的結構便發生了轉變。隨著黃金與白銀產量減少，對中國的貿易縮減，當進口商品變得稀缺，各地便開始自行生產來填補缺口。

率先進行國產化的是茶葉。雖然日本原本就有種植茶葉，但對多數人而言仍屬奢侈品。直到這個時期，茶葉在國內廣泛流通，成爲人人都能享用的日常飲品。當進口中斷，只能靠國內生產因應，因此抹茶與煎茶的製作方法被廣泛學習，首先由京都宇治開始標準化的生產模式，之後因供不應求，又擴展到駿河等地區。

絹布與生絲也有類似情況，爲了取代進口，信州與上州等地開始生產相關製品。砂糖則在琉球與奄美群島的生產逐漸發展，這些地區由薩摩藩統治，因此砂糖也成爲該藩的特產。其他諸藩亦爲推動地方經濟，紛紛致力於發掘並生產符合當地環境的特色商品。

這股進口轉國產的風潮讓各地產業進一步分工化。雖然中國早在二至三世紀之前的明代就已經出現這種區域分工的現象，但落後的日本總算跟上，踏上相同的道路。

反過來看，只要能夠自給自足，就不再需要仰賴進口。隨著金銀資源枯竭，日本走向

「鎖國」便成爲一種必然趨勢，也可視爲「脫亞」、擺脫對中國依賴的過程之一。

另外，爲了解決物價持續下滑的問題，吉宗在晚年也著手推行貨幣政策。他重新轉向荻原重秀的路線，透過降低貨幣價值來增加流通量，試圖穩定物價。

一般認爲，這並非吉宗本人的構想，而是由人稱「大岡越前」的町奉行大岡忠相主導的政策。這條方針後來也被繼任掌權者田沼意次繼承，並進一步發展爲主流經濟策略。

田沼意次的貨幣政策爲什麼會成功呢？

一如「幕府中興之祖」這個美名，吉宗確實試圖推動全面的政策轉型，但部分領域仍未能擺脫舊時代的包袱，尤其是通貨緊縮的經濟困境，因此整體改革並非全然成功。

親眼見證吉宗改革成敗的，是從吉宗繼嗣家重的小姓一路晉升爲側用人，最終成爲幕府老中的田沼意次。簡單來說，田沼時代的政策方針，是由幕府主導振興商業，並從中抽取利益來充實財政，與吉宗時代著重農地開發與米糧增產的策略可謂截然不同。

在這樣的政策構想下，貨幣政策自然不可或缺。田沼發行了可與荻原的「元祿小判」

並稱的「南鐐二朱銀」。顧名思義，這是銀幣，但其上標示「南鐐八片可兌換一兩小判」，意思是八枚南鐐銀幣相當於一兩黃金的價值。若從金屬本身的材料價值來看，這代表黃金的價值被大幅壓低，或是白銀的價值被高估。

換句話說，田沼與荻原的構想相同，都是希望將貨幣的價值從依賴金屬的本位，轉為以貨幣上所刻或印製的面額為基準。說得極端些，即使是一張印有「一兩」字樣的紙幣，也應能與一兩黃金的小判等值兌換。

要推動這樣的轉變，關鍵在於發行貨幣的主體是否具備足夠的信用。就如同今日的中央銀行，幕府的角色就是保證即使是不具實質價值的金屬或紙張，也具有「一兩」的法定價值，而這必須建立在人們對幕府信用的信任基礎上。

這項政策整體而言是成功的。人們對幕府的信賴程度相當高，使得幕府得以藉由貨幣政策建立起控制經濟的制度。

此外，以低成本素材鑄造高價值貨幣所產生的價差，也成為幕府財政的一部分收入。而除了幕府之外，各藩也紛紛發行被視為「地區通貨」的藩札，這些藩札同樣與幕府的貨幣體系相連貫。

■田沼政權的歷史定位

不論如何，當政府的公權力獲得民間市場的信任之後，不論是金幣還是銀幣，貨幣在全國的價值都得以維持穩定。這對日本人來說或許是理所當然，但在當時的中國卻難以想像。

當時的中國正值乾隆帝的時代，也是清朝最強盛的時期。當時高額貨幣為白銀，但僅以地金形式流通，完全是以材料本身的價值為準。在民間流通的主要是銅錢，然而因經濟活動活絡，銅錢經常處於供不應求的狀態。為了促進銅錢流通，清朝政府積極開發銅山，並大量自日本進口銅。

然而，清朝政府的作法僅止於大量鑄造銅錢並投入市場，卻未對其價值進行管控，完全任由民間自行決定價格。因此，銅錢在不同地區的價值出現差異，早已是家常便飯。光從這點就可以看出，當時的日本與中國在經濟結構及政府角色上的根本差異。

那麼，幕府為何能夠使貨幣在全國範圍內維持穩定價值？背後主要有兩大原因。

首先是鎖國狀態下形成的封閉經濟體系。由於不受海外經濟波動影響，也無須顧慮對外變數，因此管理相對簡便。

其次是全國物流網的建立。自前一時代起，各地致力於特產品的開發，區域間交流頻繁，加上幕府積極推動商業資本的擴張，共同促成了日本國內統一的流通體系。

總之，國內限定的條件使得民間市場與政府的經濟政策高度契合，這正是田沼時代經濟運作的特徵，也象徵日本建立出獨特的經濟體系。

田沼常被視爲貪汙腐敗的象徵，某種程度上也反映出當時政治與經濟的密切關係。古今中外，干預經濟的政府大多會導致腐敗。這與制度和人性欲望息息相關，畢竟制度的制定與運作都仰賴人力，幾乎無一能倖免。反過來說，若政治與經濟過度脫鉤，也會產生另一種形式的腐敗。中國就是其中的典型，其弊病之嚴重，遠非日本可比。

雖然推動政策的主體都是人類，因此其目的與結果看似相通，但實際的制度設計與執行機制大不相同，是否能單以「腐敗」一詞概括，實難一概而論。

松平定信的思想箝制

早期的日本史教科書經常將吉宗描寫爲大力推動享保改革的「幕府中興之祖」，而田沼則被形容成貪汙腐化的惡政象徵，至於糾舉田沼、實施寬政改革的，則是吉宗的孫子松平定信。

然而，事情其實沒那麼簡單，現在也幾乎沒有人再接受這種歷史觀。正如前文所述，眞正延續並發展吉宗政治理念的，其實是田沼，他主張運用民間活力來重建經濟與財政。而作爲一種反動，十八世紀末登場的就是松平定信。他可能與田沼在個人關係上本就不合，也有權力鬥爭的因素。當他一上任老中，立刻將早已失勢的田沼派系從幕府中清除。從此也出現一種說法，認爲田沼代表開明政治，定信則是時代錯誤的保守派。這樣的解釋雖不無根據，但近年的主流看法是，定信在政治架構與經濟政策上，基本上仍延續了田沼時代的方針。

眞正與前代出現重大分歧的，是思想統制。幕府頒布了「寬政異學之禁」，獨尊朱子學，禁止所有非朱子學的學問，其中首當其衝的，就是蘭學（也就是西洋學）。

如前所述，吉宗當時排斥傳統文治政治，意圖擺脫對中國的依附，刻意壓抑儒學與漢語，取而代之的是蘭學的崛起，尤其到了田沼時代，更是達到鼎盛。

這一方面固然與吉宗政策的影響有關，但其實更關鍵的，可能是日本人本身就比起漢學，更能接受蘭學。漢學與漢籍多半偏重理論，脫離現實，流於形式；反之，歐洲的科學知識則更合理、實用，自然也在民間知識分子間廣受歡迎。

然而從治理者的角度來看，思想過於多元紛雜並非好事。當時禁教令仍舊存在，比起西洋思想，講求上下秩序的儒教顯然更符合統治需求。因此松平定信在湯島聖堂設立由幕府直轄的昌平坂學問所，重新將朱子學奉爲正統，並全面禁止其他學派的講學活動。

「國學」的發展與朝廷

一如字面解釋，「禁」當然不可能永遠持續，但這項政策確實成爲決定幕府定位，乃至整體日本政治架構的重要契機。因爲既然將朱子學奉爲學問的根本，從其重視名分與上下秩序的觀點來看，便難免引發對幕府正當性的疑問，以及該如何界定幕府與朝廷之間關係的討論。

尤其從這個時期起，國學逐漸發展起來。雖然蘭學本身合理且科學，卻建立在西方社會文化之上，因此也出現反動聲音，主張不應再仰望西方，而應將日光重新投向日本自身的文化與社會。

當時距離幕府建立已過約兩百年，政權長期穩定，使社會逐漸成熟，人們因而產生餘裕，開始試圖從理論上重新確立自己的存在理由與根源。

結果，被重新聚焦的就是長年被排除在政治核心之外的天皇。有人主張，原本治理國家的應是以天皇爲頂點的朝廷，幕府只是暫時代理政務、代行天皇職權的機構。這套說法後來被稱爲「大政委任論」。雖然與實際歷史發展不符，但意識形態本就如此，古今中外皆然，而且往往能激起民衆的狂熱，進而成爲推動時代轉變的巨大力量。

有趣的是，在寬政年間，正值朝廷出現極具活力的光格天皇。他雖略顯不合時宜，卻致力於復興已荒廢的各種儀式，意圖重建朝廷的權威與影響力。

幕府方面，早在家康時代就制定了《禁中並公家諸法度》，其內容規定朝廷不得干政，幕府全面掌控公家體系。光格天皇的作爲，等於對這套體制構成挑戰。

藉此契機，幕府與朝廷的關係一度惡化。與此同時，皇室的存在也重新受到關注，在具有一定地位的武士、公家與民間知識人之間，出現重新檢討朝廷與幕府關係的聲音。這些討論最終以約百年後的大政奉還具體呈現。幕府為了打破僵局，決定將整個政權交還朝廷的構想，正是起源於這個時代的觀念轉變。

逐漸成形的「日本人定義」

江戶時代的日本人口變化相當明確。十七世紀末以前，隨著經濟成長與大規模開發，人口一路上升至約三千萬人。然而，元祿泡沫經濟破裂後，十八世紀迎來享保時期的通貨緊縮，儘管經濟有所回穩，人口卻不再增長，直至幕末，始終停留在三千萬的水準。

這或許意味著，當時的技術條件已達到可維持人口規模的極限。因此，一旦遭遇天災或氣候異常導致農作物歉收，就會迅速引發饑荒，導致大量死亡。江戶時代中期以降，饑荒頻繁爆發，所謂的「間引」——即減少家庭人口、殺死嬰孩的行為——也成為眾所周知的現象。這其實是殘酷但符合自然規律的自發性人口調節，亦反映出糧食供需始終處於緊張狀態。換言之，人口發展已逼近開發與生產力的極限。加上十八世紀以降，對外貿易中斷，日本眞正進入「鎖國」狀態，無法依賴海外輸入補充不足。

從這些條件來看，日本似乎邁入一個封閉停滯的時期，但整體社會並未僵化。相反地，內部其實正經歷深刻的結構變動。

若要用一個詞來概括這種變化，那就是「凝聚」。田沼時代所展現的官民在政治與經濟上的一體化，正是這股凝聚趨勢的具體表現之一；而若進一步從更微觀的層面來看，就會發現，「日本人」這一身分的定義，正是在此時逐漸確立起來的。

如前章所述，幕府早早頒布禁教令，並推行名爲「宗門改」的制度，調查並登記個人信仰宗派，形同戶籍制度。同時，領主也施行「人別改」，記錄領民的年齡與家庭結構。將這兩套系統合而爲一、具備完整戶籍功能的帳冊，就是「宗門人別改帳」。

一旦被記入這本帳冊，就意味著個人已被納入在地社群之中，而這些社群多以神社與佛寺爲核心，特別是後者在其中扮演關鍵角色。同時，這些社群也完全受到領主掌控。換言之，當時的統治體系已能深入至每一位領民的層級，實現高度精密的社會管理。

農村社會的系統

不過，政府的權力不可能直接滲透至社會的每一個角落，因此協助政府管理百姓的，就是每個村莊中的庄屋或其他地方領袖。在以村爲單位繳納年貢與徭役的「村請制度」下，這些地方領袖擔任了政府與人民之間的調解者，同時也是村落自治的主要負責人。

這套制度有時會與中國的地方社會與自治制度相比較，但實際上，兩者的性質可說是完全不同。日本的村莊雖各自制定村規，但基本上都不會逾越藩或幕府所定的法令，兩者呈現互補關係。而在年貢繳納方面，由於地方村役人與官府緊密配合，也形成不易貪汙舞弊的環境。

反觀中國，中央政府與地方社群在組織上幾乎完全分離，不僅規則各異，地方也缺乏對中央的忠誠，因此貪汙現象司空見慣，只要不貪得太過火，就不容易被揭發。

前文已多次提到，日本原本是一個社會結構扁平、以農民爲主的社會，而中國則是中央與民間分離的二元社會，這一點在村落形態上也有明顯差異。

那麼，當時的庶民，尤其是佔絕大多數的農民，又是如何生活的呢？圖5-1提供了一個

圖 5-1｜農村的封閉系統

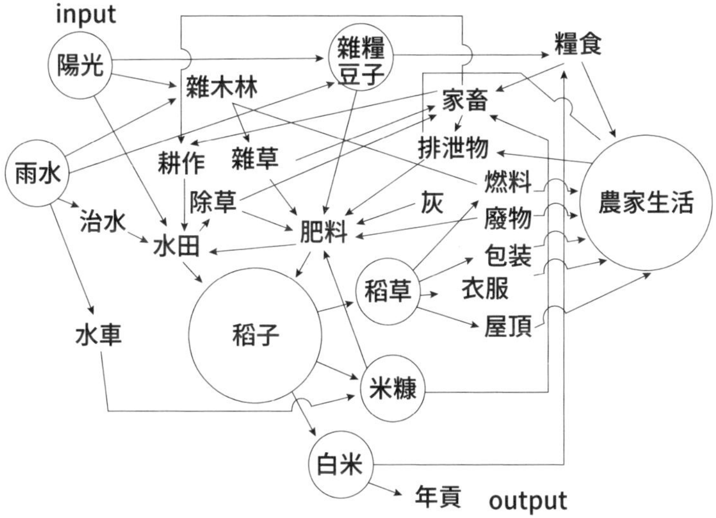

（出處）內田，1982。

簡明的說明。從圖中可見，農民生活所需的「輸入」(input)只有陽光與雨水，也就是說，只要有這兩樣資源，農民就能維持生計。儘管最後的「產出」(output)僅是米，但整個生產過程完全依靠社群內部的資源循環來維持。

　比方說，若村落附近有山丘，村民會伐取必要的木材作爲燃料，但並不會將山林全部砍伐，而是以「里山」的形式永續利用。從雜木林中也會收集雜草，作爲稻作的肥料。這種生活方式，即爲日本傳統村落的典型模式，而這正是在此一時期逐步確立

圖 5-2｜擴張的封閉系統

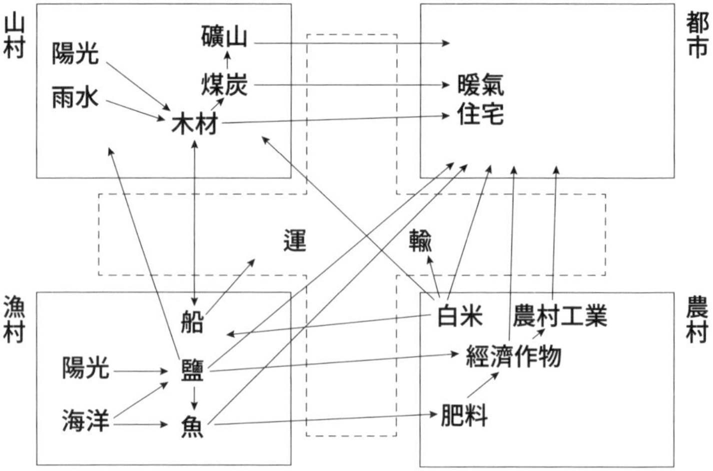

（出處）內田，1982。

下來的。

不過，像鹽這類無法在村內生產的資源，仍需從外界最低限度地調度。圖5-2所示，除了農村，還有都市、漁村與山村等單位，各自負責不同的產品，透過彼此運輸交換，形成分工體系。絕大多數的日本庶民，就是在這樣的體系中生活。

換句話說，這是一種盡可能根據當地條件自給自足的經濟系統，再將部分產出對外交換以獲得必需品，使得國內經濟運作達到最大限度。原本從中國進口的茶葉與絲綢，在中斷後也逐漸納入這個體系中自產，從而強化了「鎖國」

或「脫亞」體制的成形。

當國內土地因技術限制而逐步開發殆盡後，下一個開發目標便轉向邊境地區，也就是蝦夷地，以及奄美與琉球等南方群島。這些地區原本被視為「化外之地」，但隨著一連串「凝聚」過程的推進，從此時起也逐漸被納入內地範疇。間宮林藏正是在這段時期進行對蝦夷地至樺太的探險，並發現了著名的間宮海峽。

江戶時代眞的貧窮嗎？

話說回來，近來常常看到「江戶時代是個極度貧窮、悲慘的時代」這類說法。的確，筆者認為江戶時代是貧窮的，像是英國經濟學者安格斯·麥迪森（Angus Maddison）的研究就證明了這一點。不過，這些結論無非是建立在歐美的統計視角與數據操作上罷了。若回溯更早的中世日本，那時的貧窮程度應該遠高於江戶時代；同一時期的中國，人民的生活困苦程度也可能遠甚於日本。但這些都未被納入統計之中，僅針對江戶時代這個有明確數據的時期提出比較，未免太過誤導。

直到中世之前，大多數日本人居住在山間，耕地狹窄，糧食生產有限，人口無法大量成長。應該有不少人雖然出生，卻無法順利長大。不過，這部分的史料不多，我們也無從得知內情。

到了戰國至近世之交，沖積平原的開發逐漸推進，人口也增加爲原來的三倍。換句話說，社會整體的富裕程度提升，足以養活更多人口。然而，人口的快速增長也使得人均所得被壓低。

進入江戶中期以後，正式邁入「鎖國」狀態，國內進行了各種再開發，開始生產多樣的物產。此時人口幾乎不再成長，是這一階段的重要特色。

而進入與江戶時代形成鮮明對比的明治時代後，貿易活絡，人口也穩定增加。那些在江戶時代可能無法存活的人，到了現代則能生存下來。但這種轉變之所以可能，正是因爲江戶時代再開發所累積的成果。得以出口的產品，正是當初成功實現國產化的成果，也因爲江戶時代勞動力的充沛與素質，使得增產成爲可能。

若問明治時期之後的勞動與生活條件如何，從《女工哀史》[3]與佃農的例子可看出，當時在現代化壓力下，人民的生活並不寬裕。就個人境遇而言，與江戶時代差異不大；甚至更為嚴酷，還需面對戰爭、兵役與發展產業等種種負擔。

許多人在高度讚賞明治時期的現代化成就之餘，往往會貶低之前的江戶時代；反之亦然。但我們不能偏頗地看待。簡單來說，兩個時代所處的發展階段不同，這正是「近世」與「現代」的分野所在。庶民的生活無論在哪個時代都相當拮据，並不能說只有江戶時代、只有日本特別貧窮。

放眼同時期的中國，從整體而言物產比日本豐富，貿易也更活絡，但也因此人口爆炸式成長，導致個人生活水準極度低落。加上缺乏人口調控，增長失控的趨勢無法遏止。人口似乎在十九世紀中期因為內亂而減緩，當時有數千萬人喪生。但政治與經濟結構依舊未改，這種趨勢延續到二十世紀中葉。

歷史學界有一門叫做「貧困史」的研究領域，相關研究十分活躍。然而，想要進行實

---

3 編註：《女工哀史》是細井和喜藏於一九二五年發表的報導文學，詳細記錄日本紡織工廠女工的嚴酷勞動與生活實況。作品內容源自作者本人及其內緣妻子在工廠的親身經驗，以細膩筆觸揭露資本主義下工人階級的悲苦處境。

證研究，仍需依靠統計數據。但這些數據本身往往不具一致性，「何時」、「何地」貧困，常常是相對且主觀的判斷，也存在個別情況差異。僅靠數據比較，實難窺見歷史的眞貌。

■ 文化核心從京都移至江戶、從菁英轉移至庶民

承上所述，當政治與經濟逐漸「凝聚」於國內，文化也展開了自身的演變與發展。文化與學問總是在都市中蓬勃發展。直到室町時代以前，日本唯一稱得上都市的，只有京都。進入戰國時代後，隨著地方開發與經濟成長，各地出現城市的雛形，儘管如此，當時也只能勉強打造出縮小版的京都。

到了江戶時代，各地都市終於展現出各自的發展樣貌。然而初期，京都與鄰近的大坂——也就是「上方」地區，依然是文化的領頭羊。舉例來說，無論是漢學的普及，還是元祿文化的興起，皆由上方率先引領。

這股趨勢從十八世紀開始出現變化。其中之一是空間上的轉移：歷經整整一世紀，文化中心於十九世紀初期的文化與文政時期，由上方轉向江戶，並由此擴散至全國，日本文

化逐步擺脫過去獨尊上方的體制。

另一個轉變則是階層與垂直結構的改變。從十七世紀末開始，井原西鶴與近松門左衛門的作品，以及將中國小說舞台與角色改編為日本背景的「翻案本」，逐漸流行。到了文化、文政時代，這些作品深入各階層，庶民也開始接觸、親近文學與文化。

事實上，中國也曾經歷類似情況。十六世紀明朝時期，陽明學一度迅速在庶民中傳播開來。當時的菁英學問幾乎只與科舉制度掛鉤，即朱子學一統天下。儘管陽明學也是儒學的一支，卻是在對抗朱子學的過程中誕生。

陽明學主張對抗朱子學的菁英主義與差別觀念，強調心靈與實踐、講求「一體」與「合一」。它最顯著的特色之一，是以「講學」——即口述的方式傳播，而非依賴教科書，因此即便是文盲的庶民，也能理解與接受。這種傳播方式同時也促使庶民關心政治，使他們得以與長期疏離的政府或知識分子接觸。

然而實際上，中國的「一體」、「合一」並未實現。庶民依然是庶民，官員還是官員，知識分子也維持其階層，三者從未真正融合，這是中國歷史的現實。

相對之下，日本的情況截然不同。雖然時間晚了約兩個世紀，但「一體」、「合一」

的理念在日本得以扎根，許多庶民也不再是文盲。過去只有公家或高僧才識字，但江戶時代中期以後，不僅武士識字，就連庶民出身的商人子弟也能讀書寫字，並掌握算術。這正是寺子屋等民間教育體系普及的成果，從中國史的觀點看來，極爲驚人。

本來，日本是個歷史尚淺、幾乎全民皆農的平等社會。但從戰國時代到江戶時代初期，執政者爲了便於統治，開始制定並鞏固階級制度。然而，隨著社會秩序的穩定，以及庶民逐漸具備識字能力，人們開始閱讀共同的書籍，也逐步意識到「長幼有序」與體恤他人的道德觀。

當文化與道德層次在空間與階層之間趨於一致，日本又彷彿回到了原本那種扁平（flat）且沒有明顯階層壁壘的社會結構，而這也深深影響著今日的日本人。

日本文化的自立

話說回來，日本人是透過哪些學問學習讀寫能力的呢？江戶時代初期，日本人主要透過儒教習得漢學。雖然佛教經文也使用漢字，但用途早已限縮爲葬禮儀式；相較之下，儒教則因獲得幕府推崇而順利普及。

然而，隨著蘭學的興起，人們對漢學的信賴開始動搖。因爲大家逐漸意識到，中國其實並非世界第一的大國，也不是最先進的文明，其學問也未必絕對正確。

不過，如前所述，蘭學遭到松平定信的排斥，社會於是又出現回歸漢學的現象。最終，人們開始意識到無論漢學還是蘭學，都非日本固有的學問，於是便創出所謂的「國學」。

所謂的國學，所思考的問題是：幕府存在的正當性何在？日本是什麼樣的國家？日本人又是何等存在？這些探問的象徵代表之一，便是本居宣長的《古事記傳》[4]。

此外，有一說認爲，關於日本國體的反思，也受到德國醫師恩格爾貝特・肯普弗

4　編註：本居宣長（一七三〇—一八〇一年）是江戶時代後期的重要國學者，自幼熱愛古典文獻與語言研究，之後投身於《古事記》的註釋工作，歷時三十五年完成鉅著《古事記傳》全四十四卷，奠定了他作爲國學家的地位。宣長主張回歸日本固有的精神世界，反對儒佛思想對神典的詮釋，提倡以「大和心」取代「漢意」。透過語言學與實證的考證方法，他賦予《古事記》史書的獨立價值，使其地位超越以往附屬於《日本書紀》的從屬關係。

（Engelbert Kämpfer）所著《日本誌》[5]的啓發，該書部分內容後來由蘭學者志筑忠雄翻譯為《鎖國論》，「鎖國」一詞即源於此。

國學的另一個特徵，是對漢學的反動色彩，甚至帶有貶斥中國的傾向。代表性的國學者平田篤胤就曾斷言：「中國的偉人只有孔子和諸葛孔明兩人。」即便到了今日，「嫌中論」依然喧囂不斷，其根源或許可以追溯至這一時期。換個角度來看，日本的文化自覺與自我認同，某種程度正是因為與中國為鄰而得以形成。換言之，進入十九世紀初後，日本不僅在政治、經濟領域，也在文化與思想上，逐漸孕育出屬於自己的獨立系統。

同一時期的十七至十八世紀，在中國清代也曾出現「漢學」熱潮，但那與傳入日本的漢學截然不同。在日本，所謂的「漢學」泛指中國的各類學問，簡言之，只要是用漢字、漢文寫成的著作，皆被視為漢學範疇。

相對地，中國所稱的「漢學」，則是指考證學，具體來說，是對漢朝（西元前二〇二年至西元二二〇年）時期學術的研究。這是因為儒教正是在漢代奠定主流地位。歷史愈悠久的學問，後代學者的詮釋往往愈發龐雜與歧異，偏離原義或產生誤解的情況也時有所見。尤其儒教到了宋代，被朱熹重構為朱子學後，其內涵已與原始儒教大相逕庭。於是，「漢學」

的目標便是回溯至漢代，尋找儒教的本源面貌。

然而，西元前後的原始文獻所存無幾，因此首先得盡可能蒐集遺存資料，試圖恢復原典。結果，研究者的主要工作變成了逐字逐句的考據與詞義辨析。

這種研究，即使形式上具備學術性，實際意義卻相當有限。因爲只要買得起古書，具備基本讀寫能力，幾乎誰都能從事這類研究，但它對社會並無實質貢獻。正如前面提到的內藤湖南所直言，這種工作「誰都做得到」，充其量只是「學術的消遣」。

而且，情況不僅止於此。如前所述，明代陽明學的興起，使得庶民獲得知識並拉近與政府、知識分子的距離；然而到了清代，這段距離卻又重新拉開了。

5 編註：恩格爾貝特．肯普弗（一六五一—一七一六年）爲德國醫師與博物學者，爲最早以系統方式記述日本社會的歐洲人之一。他於一六九〇至一六九二年間以荷蘭東印度公司醫師身分駐留長崎出島，並兩度隨使節前往江戶，拜謁將軍德川綱吉，蒐集大量關於日本政治、宗教、自然等資料。其代表作《日本誌》於逝世後在倫敦出版，成爲十八世紀歐洲了解日本的重要窗口。

■ 人口受到抑制的日本與膨脹的中國

上述時代背景的核心是人口的壓倒性成長。日本在十八世紀的人口幾乎維持在三千萬左右，但中國在這一百年間，人口從一億暴增至四億，這是社會生產力提升、經濟持續繁榮的結果（參考圖4-2）。

不過，清朝完全未對經濟進行有效調控，導致官民之間的背離愈加嚴重。圖5-3整理了中日聚落人口的增長趨勢，從I的首都到V的下級行政中心是公權力所及的範圍，而VI至VII則是僅存在市場的聚落。

從圖中可見，日本在十七世紀到十九世紀之間雖整體人口略有增加，但I至V與VI至VII的聚落數量差異不大，顯示官民一體，行政力能深入基層。若將此視覺化，會呈現出尖銳的火箭型結構。

反觀中國，從十二世紀至十九世紀，I至V與政府的規模幾無變化，VI至VII的數量卻急遽膨脹，顯示在官方無力治理下，大量依賴自由競爭而興起的聚落不斷出現。

與其說清朝無力應對人口激增，不如說它本就是對「民政」毫無興趣的政權。正因為

圖 5-3 ｜中日的核心地區比較

階層	機能	人口（19C）
I	首都	1,000,000
II	全國的大都市	300,000以上
III	地方核心都市	30,000以上
IV	中級行政中心地區	10,000以上
V	下級行政中心地區	3,000以上
VI	中級市場城鎮	未滿3,000
VII	基層市場城鎮	未滿3,000

中日的核心地區數量

	中國			日本	
	12C	17C	19C	17C	19C
I	1	1	1	0	1
II	0	3	9	0	2
III	30	42	100	6	20
IV	60	90	200	25	60
V	400	600	700	100	250
VI	1,800	2,500	10,000	200	400
VII	2,000	12,000	24,000	500	1,000

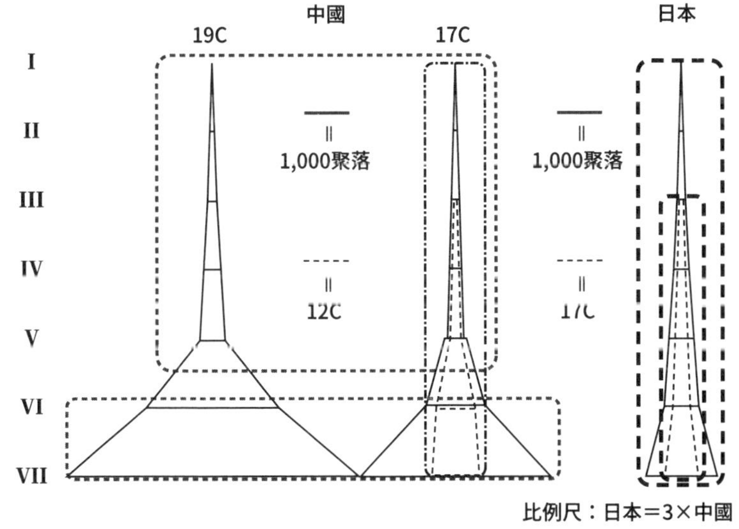

（出處）岡本，2019 [a]。

經濟持續成長、社會相對和平，官民背離的問題也不容易浮上檯面。

由於這樣的社會缺乏安全網，只有少數成功者能累積財富，大多數庶民則始終貧困。正因社會結構極度分化，貧富差距嚴重，所以學術界也逐漸加拉巴哥化，出現許多如同消遣般的研究。

然而，情勢終究無法持續穩定。進入十九世紀後，景氣開始下滑、各地內亂頻仍、治安惡化，反映社會現實的學問才逐漸興起，即所謂的「經世論」或「經世學」，不過清朝政權本身依舊未有轉變。

從上述內容可看出，中日歷史在此時期已大幅分道揚鑣。雖然可統稱爲「近世」，但讀者應也察覺，許多關鍵趨勢其實早在近世之前就已浮現。

第六章 開國與中日對立的起始

【幕末—明治維新】

十九世紀的東亞局勢

中國的十九世紀是內憂外患交織的時代。內陸地區民眾頻頻暴動，沿海地區則遭遇外國勢力入侵，整體治安全面惡化。

內憂方面，包括十八世紀末爆發的白蓮教之亂，以及約五十年後、十九世紀中期的太平天國之亂。

外患方面，十九世紀的中期，中國先後與英國爆發鴉片戰爭與第二次鴉片戰爭（亞羅號事件）。清朝原本只是打算取締走私的鴉片，卻反而遭到「加倍奉還」式的報復。無論是內憂或外患，實際上都是與清朝政權正面對抗的勢力不斷擴大所致。

上述內憂與外患並非彼此無關。若從「民間不服從政府」這一點來看，前朝明朝也同樣存在這種情況。前文提及明朝時期「北虜南倭」的困境，其中「南倭」的起因，正是中國民眾引入日本人或葡萄牙人等海賊進行走私貿易，當官府試圖加以取締時，卻反而引發民變。由此可見，中國早已歷經過類似的歷史經驗。

雖然「南倭」與鴉片戰爭在時代背景與對象國上皆不相同，但兩者皆因官方取締行動而引起反抗，實有異曲同工之處。可由此推論，清朝的治理姿態與當時的社會結構，其實與明朝無太大差異。

中國的統治階層一向輕視庶民，也同樣鄙視外國。因此無論是明朝還是清朝，對於民間的社會、經濟與貿易皆缺乏關注，也無法掌握實情，自然也無從有效管控。當他們試圖限制或鎮壓民間與外國之間的貿易，進行「攘夷」行動時，與外國勢力勾結的「漢奸」便勢必浮現。

這樣的內憂與外患彼此糾纏，使十九世紀的中國陷入混亂，進而導致其國際地位顯著下滑。這段歷史常被視爲中國遭遇侵略與衰敗的過程，而從谷底翻身的渴望，則在二十世紀以後轉化爲中國政府的重要意識形態，這一脈絡，也與日本及日本史有著密不可分的關聯。

日本「帝國」的誕生

另一方面，同一時期的日本在「凝聚」之後出現劇烈轉型，最能象徵這一變化的，便是「帝國」與「皇國」這類詞彙的出現，以及日本開始以此自稱。

德語的「帝國」爲「Kaiser（帝）reich（國）」，在荷蘭語則是「Keizerryk」，指的是「由皇帝治理的國家」，至於由國王治理的國家就稱爲「王國」，兩者沒有明顯的差異，歐洲對於這類詞彙也沒有任何疑問。

然而在東亞，「帝國」一詞卻有著截然不同的涵義。漢語中的「皇帝」是指天子，也就是統御天下、主宰世界的存在，不可能僅是治理一國的君主，因此「帝」與「國」在邏輯上是相互矛盾的，「帝國」作爲詞彙概念本不應成立。

然而日本人卻將歐洲的「皇帝國家」概念，用日語中的漢字語感重新套用，創造出「帝國」這個詞。更進一步的是，日本還開始自稱爲「帝國」，並試圖使這一稱呼獲得認可。這正是日本與傳統東亞世界觀之間決定性的差異。

此外，由於日本是一個由「天皇」君臨的國家，爲了表現這一特色，日本人並未使用外語翻譯，而是創造出具有日語語感的詞彙「皇國」。換言之，日本在蘭學的語境中是「帝國」，在國學的語境中則是「皇國」。無論是哪一種表達方式，雖然都使用漢語書寫，卻背離了中國與東亞傳統華夷秩序中「尊天子、奉皇帝」的理念。

在這樣的基礎上，日本又進一步發展出「尊皇攘夷」的概念，即尊敬天皇、與天皇合而爲一，並排斥汙穢的外國人。這個概念帶有儒教與漢語的色彩，但實際上漢語中並無「尊皇」這一說法，正確用法應爲「尊王」。然而，由於天皇被日本人視爲至高潔淨、不可褻瀆的存在，因此才使用了「皇」字。日本人對「尊皇攘夷」這一字面用法毫無違和感，也顯示出其對儒教原典的生疏。

幕府早已爲頻繁來航的外國船隻感到棘手。雖然仍將「鎖國」視爲國策，卻也透過對外情勢的理解，意識到日本國力與西方列強間的巨大差距，因此無法採取過於強硬的立場。十九世紀前半頒布了「異國船打退令」，卻在不到二十年內即予廢止，可見幕府的苦惱與掙扎。

當「尊皇攘夷」思想在國內興起，更加深了幕府對外政策的兩難。當權者已清楚無法抗衡西方列強，因此眞正的課題轉爲：如何在吸納西方勢力的同時，維持日本的國族認同。於是，「帝國」與「皇國」這兩個概念及其內涵，便成爲極爲重要的議題。

此時在日本廣爲流傳的是《海國圖志》[1]。這本書是中國「經世論」的一部分，成書於鴉片戰爭戰敗之後，爲了掌握海外實情而翻譯、編纂大量與世界地理有關的資料，內容主張學習歐洲技術，建立現代化軍隊，以鞏固國防。

然而這本書在中國本土幾乎乏人問津，卻有部分傳入日本並被翻譯，隨即風行一時。隨後，來自中國的《萬國公法》[2]也被引進日本。這是一本由十九世紀前半美國國際法學者所撰寫的國際法教科書，經翻譯爲漢語之後傳入。

日本社會各階層透過這兩本書，對世界的現實有了較全面的認識，也開始認眞思考：日本應該如何與這樣的世界對峙。

幕藩體制的極限

十九世紀中葉，黑船來襲，日本也總算邁向「開國」。

就目前的定論而言，無知又卑躬屈膝的幕府被迫與歐美列強簽訂不平等條約，維新之後的明治政府則爲了廢除這些條約而煞費苦心，這套劇本般的歷史常被拿來敘述，但其實是明治政府爲了正當化取代幕府的地位所編造的故事，不一定符合歷史事實。

其實幕府早已精準掌握國外情勢。除了《海國圖志》這部鴉片戰爭的產物外，當時幕府也能透過荷蘭與中國的管道取得最新資訊，並且根據這些資訊，事先爲歐美列強的來訪做出準備。甚至也有人認爲，眞正扯幕府後腿的，反而是日後成爲新政府核心的薩摩藩與長州藩。

儘管如此，幕府終究是在「開國」的混亂中瓦解。爲什麼明明有所準備，卻仍走向滅亡？簡單來說，是因爲幕藩體制已經無法承載這個時代的需求。

1　編註：《海國圖志》是清代學者魏源於一八四三年所編撰的重要地理與政治著作，旨在介紹世界各國的歷史、制度與軍事技術，強調「師夷長技以制夷」的理念，成爲日後洋務運動的思想先聲。但該書在中國乏人問津，反而在日本引起極大關注，成爲幕末知識人與政要推動維新的重要參考書籍。

2　編註：《萬國公法》爲美國法學家亨利・惠頓（Henry Wheaton）於一八三六年所著，爲現代國際法經典。一八六三年由傳教士丁韙良（W. A. P. Martin）譯成中文，一八六四年由清廷刊行，成爲中國首部系統介紹國際法的著作。書中提出如領海等概念，影響清廷外交實務，也促進國際法在東亞的普及。該書旋即傳入日本，成爲幕末與明治初期制定外交與國家體制的重要參考依據。

幕府建立的系統，是以「鎖國」爲前提。其最大特徵，在於將藩與庶民組織得井然有序，並在維持三千萬人口的同時，使政治、經濟、文化與思想高度凝聚——這正是只有在幾乎不需面對海外存在的前提下，才能實現的體制。

然而，一旦這個前提崩解，整體就如同失去地基的建築物般搖搖欲墜。「鎖國」架構因「開國」而解體，面對全然不同的對手與遊戲規則，那種以兩百年來既定規範與立場構築起來的幕府體制，自然無法應對。爲了能靈活因應變局，只能急速摸索全新的體制。

與日本形成對照的是中國。如前章所述，中國社會流動性高，缺乏整體統合，因此即使沿岸地區在鴉片戰爭中受到衝擊，整體體制也未受太大影響。這種由權力鬆散構築而成的社會組織，反而成爲吸收「西洋衝擊」的緩衝。中國的官僚體系也因而得以泰然處之。反觀日本，僅憑黑船的一發空砲，便使整個社會劇烈動盪，兩者差異昭然若揭。

貨幣政策失敗導致幕府瓦解

「開國」對日本國內帶來的一大變化，是迅速惡化的通貨膨脹，這使得幕府長年悉心維繫的經濟體系瞬間崩解。

原因很清楚，支撐幕府經濟穩定的關鍵，在於田沼意次時代發行的「南鐐二朱銀」，以及當時所推行的貨幣政策。當貨幣的價值不再依賴金屬材質，而是以面額決定時，幕府得以調控貨幣供應與物價。

然而，一旦「開國」展開正式貿易，金銀價差立刻成爲歐美商人的套利目標。當時日本的金銀兌換比約爲一比五，歐美則爲一比十五。換言之，日本的銀價比歐美高出三倍，黃金則相對貶值爲三分之一。

因此對歐美而言，只需用銀幣與日本的銀貨等價交換，再將之兌換爲黃金小判並帶出國，就等於用三分之一的銀價取得黃金。具體而言，以一美元銀幣兌換三枚一分銀，再用四枚一分銀兌得一兩黃金小判，轉手賣出即可換得四美元。這種套利方式不僅廣受外商採用，就連美國總領事湯森．哈里斯（Townsend Harris）與其他各國領事也爭相效法，導致大量黃金流出海外。

幕府爲遏止此情勢，發行了「安政二朱銀」，雖與南鐐二朱銀同爲信用貨幣，卻增加銀的含量，使其金屬價值提升三倍，並試圖將一美元銀幣的兌換匯率設爲一分（四朱）。但由於國內銀礦已近枯竭，安政二朱銀僅能少量鑄造，專供對外貿易使用。

然而，此舉在歐美看來，意味著該銀幣無法於日本流通，而且美元銀幣在國內價值等同被砍爲三分之一，自然引起各國領事的強烈反彈，結果新幣上路僅二十二天便遭停用。

最爲惱火的就屬英國首任駐日公使阿禮國（John Rutherford Alcock）。他爲了重建貿易秩序，他要求日本調整金銀的市場比價，使其接軌國際標準。爲了回應這項壓力，幕府被迫發行含金量僅爲原本三分之一的「萬延小判」與「萬延二分金」，藉此遏止黃金持續外流的情勢。

但是這項改革導致白銀價格大跌，加上幕府爲維持財政大量發行萬延二分金，物價急遽上升，貨幣信用崩解。

這一連串問題的癥結，在於包括「南鐐二朱銀」與「安政二朱銀」在內的貨幣，原本皆爲以面額爲基準的信用貨幣、計數貨幣，但幕末時無人眞正理解這一點。無論是阿禮國或幕府的勘定方官員，都只依循慣例操作，未曾深思貨幣的本質差異。

因此，面對列強壓力時，無法以理據反駁，只能如中國等東亞地區般，回到以金屬價值調整爲依據的方式，導致延續百年的貨幣體系終於走向崩潰。

幕府倒台的原因雖多，但無論是商業或農業，江戶時代的產業政策整體而言仍運作良好，而支撐這些政策順利推行的關鍵，正是通貨體系的穩定。一旦這套體系瓦解，即便僅從這一點來看，也足以說明幕府的統治已失去其存在的正當性。

■日本有兩位「Emperor」

英國公使阿禮國留下了《大君之都》（*The Capital of the Tycoon*）這部名著，記錄了他駐日三年的見聞與生活。

所謂的「大君」（Tycoon）是指德川將軍。前一章也提到，日本在此時期已經自稱爲「大日本帝國」。例如，《日美和親條約》開頭便出現了「The United States cf America」與「The Empire of Japan」的表述。

然而，既然自稱爲「帝國／Empire」，便需要「皇帝／Emperor」這一角色存在。那麼，日本的皇帝究竟是誰？阿禮國在上述著作中指出：「日本有兩位Emperor」，一位是作爲宗教象徵的天皇，另一位則是掌握實權、負責政務的德川將軍。

前文提及的肯普弗在《日本誌》中早就指出日本存在兩位皇帝，黑船來航的培里亦沿用此說法，但眞正於外交現場直接面對這種雙皇體制的，則是阿禮國。他書名所稱的「大君」，正與此概念緊密相關。

如同第四章所述，幕府在與朝鮮王朝交涉時，自稱爲「日本國大君」。而東亞漢語文化圈傳統中的「國王」一詞，在日本並不常見，甚至較接近天皇的意涵，因此幕府另創「大君」一詞作爲外交名號。

幕末開國時期也延續此稱號。不僅對朝鮮，在面對歐美列強時，將軍亦以「大君」自稱，自我定位爲日本的皇帝。然而，一國兩皇的局面實在不合常理，加上「大君」在國內的統治力日漸式微，要求由另一位皇帝——天皇——接掌主導權的聲浪日益高漲。阿禮國與其他外國人士也密切觀察這股變化。

更何況，他們本身也是這場混亂的受害者。隨著「尊皇攘夷」運動興起，外國人時常成爲襲擊目標，阿禮國亦曾遇襲。他雖向幕府抗議，但也開始認定幕府已無力收拾局面。其繼任者巴夏禮（Harry Smith Parkes）更是徹底放棄對幕府的期待，轉而與薩摩、長州兩藩合作，推動明治維新。換句話說，阿禮國不僅是「大君」時代的見證者，更是促使其終結的重要推手。

掌握政權的世俗Emperor漸失實權，而作爲宗教象徵的Emperor則開始被賦予世俗權力，國家主權也朝向由天皇一元統領的體制轉變。

「皇帝」與東亞

明治維新是日本邁向歐美式民族國家的過程，也是一個名不符實的「帝國」蛻變爲眞正現代主權國家的歷程。簡言之，這是一場全面的西化，其具體政策如富國強兵、殖產興業與廢藩置縣，已爲人所熟知。

所謂的「西化」，除了意味著脫離舊有的日本體制、實現自我改造之外，也代表日本將重新定義其與東亞，尤其是與中國的關係。

在維新之後，天皇的形象被收斂爲類似西方意義上的「皇帝」。不論對錯，這種定位沿用至今。然而，「Emperor」一詞在中文中同樣被翻譯爲「皇帝」，因此日本天皇對中國也只能自稱「皇帝」。

但在中國人的觀念裡，皇帝即「天子」，應是天下唯一。因此日本天皇稱皇帝，從本質上來看，象徵著日本已經脫離東亞傳統秩序，不再位居中國的勢力範圍之內。

「帝國」則是對應「Empire」的翻譯詞，本非日語原有詞彙，連同「皇帝」一樣，皆爲應對對外交流所創造的術語，對日本人而言，其實是略顯生疏甚至不適的詞彙。因此，在國內仍普遍使用「天皇」的稱呼；若以此邏輯推演，所謂「帝國」或許也應稱作「皇國」才更爲恰當，實際上，「皇國」一詞在日本國內確有流通。

然而，「皇國」並非原本漢語中存在的詞彙，若拿來向中國自稱，恐怕對方難以理解。而「帝國」雖然原本也非漢語既有概念，卻作爲日本的外交術語，在那個時代不得不用，於是也被納入東亞漢語詞彙中，日後漸漸普及。如今，「帝國」已成泛用詞，就連中國人也會自然地說出「中華帝國」，這正是東亞與日本歷史交織而成的結果。

透過漢語吸收西洋文化

還有另一個足以說明上述情況的現象：明治維新之後，日語的漢語化風潮深入一般民衆階層。雖然江戶時代的書面語也大量使用漢字，但其本質仍是以大和語爲基礎的「候文」[3]。然而在翻譯西方書籍時，才發現日本原有的詞彙根本無法應對。

當時的西方書籍譯者箕作麟祥指出，漢語在此發揮了極大作用。日本歷史較短，尚無足夠詞彙能如實描述複雜的人類社會；相較之下，中國歷史悠久、經驗豐富，而且漢字熟語具高度靈活性，能簡潔且豐富地表達複雜概念。再者，漢語自古以來便已在日本社會中普及，日本人對其已有一定熟悉度，因此以漢語爲工具來翻譯西方書籍，成爲當時的可行策略。

3 編註：候文是一種自中世以來在日本廣泛使用的文語書寫形式，流行至昭和初期。其特徵是句末常以「候」（そうろう）作爲表達敬語的助動詞，故名「候文」。最初源自古代表示「侍奉」之意的動詞「候」，後來演變爲表示謙遜與禮貌的語法形式。自鎌倉時代以降，候文逐漸確立爲正式文體，廣泛應用於書信、公文與實用文書。江戶時代尤爲普及，是當時官民書寫的主要文體之一，具有漢文與日語混合的語言特色。

這點最能體現的例子，就是當時的暢銷書《西國立志編》。這本書原爲英國作家塞繆爾・斯邁爾斯（Samuel Smiles）所著的《自助論》（*Self-Help*），由曾赴笈英國的漢學者中村正直譯成。譯文採用極爲接近正統漢文的日本語體，可見中村正直深厚的漢文素養。此書廣受歡迎，說明當時的日本讀者大多能理解如今被視爲艱澀難讀的漢文式日語，這也是漢學於江戶時代廣泛普及的成果。

然而，也有部分讀者希望閱讀更平易近人的日文書籍，正是福澤諭吉回應了這樣的需求。提起福澤，人們多半會想到與《西國立志編》齊名的《學問之勸》，但其實《西洋事情》也同樣廣爲流傳。該書翻譯自多部西方書籍，內容廣泛介紹西歐社會與文化，基本上仍採用漢文風格書寫。

然而福澤在這本著作的開頭明言，翻譯西方書籍若一味講求詞藻華美，反而違背了翻譯應有的宗旨。因此，他在本書刻意不加修飾文體，而是盡可能使用通俗語言，只爲準確傳達原書的意義。換句話說，他主張：若將西洋書籍譯爲過於典雅的漢文，反而會流於虛飾，喪失原意；唯有採用平實白話，才能眞正達意。

此外，福澤也提到「漢儒學者若以頑固偏狹、淺薄鄙陋的見解翻譯原書，極可能誤解其情理本意」，也就是說精通漢文的人若帶著偏見與狹隘眼光從事翻譯工作，也難免曲解原著的意義。

福澤諭吉的歷史定位

或許福澤並不擅長英語。此外，若以當時的水準來看，他在漢文的讀寫能力上也略顯不足。筆者認爲前述的福澤言論，多少帶有一點不服輸的意味。不過，大多數人既不通英語，也不擅漢文，因此福澤的立場，實際上更貼近一般人。

不論如何，若要翻譯成近似漢文的風格，又不流於典雅，意指不倚賴傳統經典來寫作。畢竟漢文向來大量引用儒教經書等古典典籍，透過豐富的典故來提升表現力。引經據典的文章，才會被視爲優美。

然而福澤的目標，則是在借用漢字、漢語優勢的同時，以俗語傳達內容。換言之，不拘泥於詞彙的出處或與古典的聯繫，而是選用能直接傳達意思的漢字，來創造翻譯西方書籍所需的詞彙。

其實這樣的作法並非福澤一人而已。如前文提及的箕作等，來自各領域的知識分子與文化人，也都投入漢語譯詞的創造。有些詞與中國原有的漢語相通，有些則完全是日本獨創。例如「革命」、「內閣」屬於前者；而「範疇」、「演繹」則屬於後者。即使如今這些詞彙已成爲日常用語，實際上，它們多半誕生於明治維新時期，而且與中國原有的漢語無關。

雖然歷史上鮮少有人特別強調此點，但漢語譯詞的創造，確實爲日本帶來三項重大變化。

第一，是使得西方文明與文化得以直接輸入。當日本人能以日語翻譯西洋事物，並用自身的概念理解與表達，就眞正觸及了文明開化的核心。

第二，是在使用漢字作爲媒介的同時，將其從儒教與中國歷史的脈絡中剝離。換言之，漢語譯詞的出現加速了自江戶時代以來的「去中國化」、「脫亞」趨勢。

第三，則是漢文訓讀體這種新型書面語的普及。受到多部暢銷書的影響，許多日本人開始拋棄「候文」，熟悉漢文式語法，進而具備漢語素養。這也意味著，更多人能更容易接觸西洋文明與文化。

正因這三項條件具備，明治維新才得以眞正實現。也可以說，文明開化正是以「漢語化」爲基礎展開的。

「和魂洋才」與似是而非的「中體西用」

同時期的中國則與日本形成強烈對比。儘管鴉片戰爭的敗北遠比日本黑船事件衝擊更劇烈，中國卻未因此動搖清朝的體制。從當時中國的社會結構來看，庶民階層龐大而多元，導致政府統治無法深入，即便發生重大事件，也往往遭到漠視。

相對於當時日本改變語言、全面開放國門，中國僅象徵性地開放一個港口，有限度地接受部分西方文明。換句話說，日本透過「開國」與「文明開化」推動整體變革之際，中國僅以「開港」與「洋務」來因應時代。

然而，即便是「洋務」也流於表面敷衍。洋務的基本方針爲「中體西用」，即以中學爲本體、西學爲工具。這句話的意思是，將中國傳統學問視爲根本原理，僅在實用層面引進西方的技術與知識。表面看來與日本的「和魂洋才」類似，實則大相逕庭。

「中體西用」的前提是中國中心主義，因此在借用西方技術或知識時，必須將之與中國既有事物相比附，即使是牽強附會也得如此。舉例來說，若僅說「數學是西方人所創」，便會被斥爲蠻夷之術；唯有宣稱「其實中國早已發明過數學」，這門學問才會被接受。此即所謂的「附會」。

「附會」是中國獨有的觀念，其背景正是多元的文化結構。由於語言、習俗、文化交錯，光靠日常口語無法維持溝通，遂需類似通用代碼的書寫語言，而古典書面語便擔此重任。尤其書面語若見於經典，即獲得價值與意義的共識，成爲全體共享的語彙，進而避免誤解。

換句話說，在中國這樣的多元社會中，需要能提供普遍意義與共識的機制。西洋事物在特定時期、特定地點傳入中國，若未經還原並附會於既有的傳統經典，往往難以獲得社會認可。因此中國無法捨棄古典，但也因爲強行以古典語境詮釋西方事物，反而難以掌握其原理與本質。

這現象並非中國獨有，伊斯蘭世界的《古蘭經》也具有類似作用。宗教正是在多元社會中，建立統一價值與道德觀的重要工具。

「中體西用」的另一特徵是實踐者之間的斷裂。「西用」由如李鴻章等實務家或庶民主導，而「中體」則由皇帝與中央政治菁英、知識分子主導。這種結構與日本的「和魂洋才」有本質上的不同。

「和魂洋才」在當時則已經融爲一體。日本政府的實務官員多通曉西方語言，漢學家同時也是洋學家，身居高位者兼具東西知識。曾留學的伊藤博文、擅長英語的森有禮[4]，以及福澤諭吉、西周[5]，都是其中的佼佼者。

因此，中國的「中體西用」實不宜與日本的「和魂洋才」相提並論。此種差異正體現了日本社會的凝聚性與中國社會的官民分離結構。

4 編註：森有禮（一八四七—一八八九年），日本政治家、外交官與教育改革者，被譽爲「日本現代教育之父」，亦爲首任文部大臣。他出身鹿兒島武士家庭，青年時期留學英國倫敦大學學院，返國後積極參與明治維新，與福澤諭吉等創辦啓蒙團體「明六社」，推動教育現代化。

5 編註：西周（一八二九—一八九七年），日本啓蒙思想家與西洋哲學先驅，爲明治初期重要知識分子之一。出身津和野藩醫家，早年通曉漢學與蘭學，曾赴荷蘭留學，研習法律與哲學。返日後參與幕末政務，並擔任沼津兵學校校長、文部省與宮內省官員。與森有禮、福澤諭吉等創立明六社，推動哲學普及，譯介西洋學術，開創日本現代哲學的基礎。

中國雖開放港口，與外國進行有限的交往，但終究未達「開國」的層次，也未眞正建立對等外交關係。最早洞悉此點者，正是福澤諭吉。

福澤將以儒教傳授道德的做法稱爲「儒教主義」，並極力反對。他認爲「儒教主義」正是「中體西用」、「附會」的體現。因此他提出「脫亞論」，主張日本應與「儒教主義」及墨守成規的中國、朝鮮劃清界線，積極追隨西方文明的腳步。

急著簽訂《日清修好條規》的日本

承上所述，當西方船隻抵達亞洲，日本以「開國」與「和魂洋才」應對，中國則以「開港」與「中體西用」因應。雙方採取截然不同的方式，源於歷史所塑造的社會結構迥異。

那麼，中日兩國後續又是如何看待彼此，如何交流的呢？最能清楚回答這個問題的事件，就是明治維新初期、一八七一年簽訂的《日清修好條規》。

日本之所以與清朝簽約，主要是模仿西方國家的國際關係模式。爲了成爲現代國家，透過條約與他國建立邦交是一項必要條件。

圖 6-1｜日清修好條規簽訂之前的流程

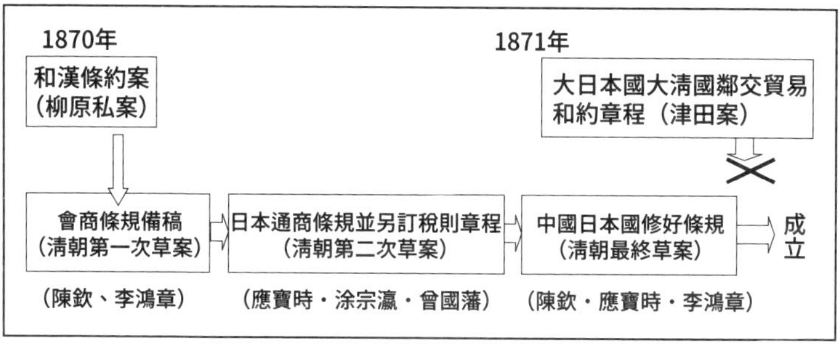

（出處）森田，2009。

另一方面，也是出於現實壓力。自與西方各國簽訂條約後，許多西方商社進軍日本，其中不少成員是來自中國的華人。這些商社多已在中國設點、雇用當地人，並以拓展爲目標轉向日本市場。

當這些人攜家帶眷遷居日本，自然與同鄉組成在地社群，這便是今日華僑社群，以及橫濱與神戶中華街的起源。順帶一提，長崎的中華街雖也知名，卻可追溯至江戶時代；江戶中期曾有更靠內陸的「唐人屋敷」，至明治時代才遷至現址重建。

眞正的關鍵在於如何管理這些人。不論是哪國人，都可能涉及犯罪，但當時針對華人的法律空白，迫使日本必須儘早與清朝建立正式關係，協商規範。

相對地，清朝對於條約談判並不積極，對日本的頻繁要求僅做敷衍回應。換言之，提出締約的是日本。

最能清楚描述這個流程的是圖6-1。從圖中可以發現，一八七〇年，日本外務大丞柳原前光攜帶自行擬定的條約草案前往天津，遊說李鴻章等清朝高層簽署條約。最初不感興趣的清朝最終接受勸說，並在三度修正後整理出最終草案。

除此之外，次年的一八七一年，日方又依據洋學者津田眞道的建議，提出一份新草案，內容仿照西方列強與日清兩國所簽的不平等條約。日本希望與西方平起平坐，因此主張比照辦理以確保自身地位。

然而清朝理所當然予以駁回，並反向提出之前的最終草案。急欲透過條約建立邦交的日本接受該草案進行交涉，最終雙方完成簽訂。對日清雙方而言，這是首份平等條約，但直到多年後，才被這樣認定。

此後日本曾探詢修改條約的可能性，清朝始終未予回應，雙方的這種關係持續至日清戰爭爆發，條約才告無效。

清朝對《日清修好條規》的期待

《日清修好條規》在交涉期間，引起西方各國的廣泛議論，下列第二條尤其受到關注。

「兩國既已建立友好關係，便應相互關切。若有任何一方遭受他國不公或侮辱，應互相通報，共同協助，或介入協調，以加強雙方的友誼。」

這條條文的意思是，當其中一方受到外國壓力時，雙方應互相支援，或由其中一方出面調解。這其實是一項互助條款，但西方各國將其解讀為日清軍事同盟，並對日本提出抗議，認為兩國有意聯手對抗西方。

日本當然無此意圖，只得不斷向西方解釋，此條款純屬禮節性表述，並無實質聯盟之意。

比起第二條，第一條才真的後患無窮。這條反映出清朝願意締結《日清修好條規》的真正用意。

「從今以後，大日本國與大清國將更加敦睦友誼，如天地共存，永無窮盡。兩國所屬之邦土應以禮相待，絕不相互侵犯，以確保永久安全。」

此條文中的「兩國所屬之邦土」意指不得侵犯彼此領土，等同於相互不可侵犯條款。

綜觀清朝三百年的歷史，對日本最大的顧慮即是如何防止其暴走。對清朝而言，日本是難以捉摸、動輒訴諸武力、秩序薄弱、易毀規則的國家。這種負面印象，或許源自明代的倭寇與豐臣秀吉的朝鮮出兵，縱然明治政府再三否認，仍難以完全消除。

因此，若能透過條約讓這樣的日本收斂行爲，自然再好不過。這便是清朝的盤算；與西方列強締結條約，亦出自同樣考量。對清朝而言，這些列強是「夷狄」，如同野獸，只需以甜頭誘馴即可。

清朝眞正關心的是保全朝鮮半島。對清朝而言，「所屬邦土」其實是「屬邦」＝「屬國」＝朝貢國，主要即指朝鮮，後來的研究也證實了這一點。

反觀日本，則透過前述的漢語翻譯，將該詞解讀爲「國土」或「領地」。從現代國際法觀點來看，「國土」指的是有明確國界、主權與實際支配的領域。依此標準，朝鮮顯然不是清朝的領土，自然也不屬於「所屬邦土」。

然而，尚未等到這場語意上的落差引發實質爭議，日本就在條約簽署僅三年後的一八七四年，因台灣地位與清朝發生衝突，爆發所謂的「台灣出兵事件」。

「台灣出兵事件」所揭示的日清對立

這起事件發生於一八七一年，正值《日清修好條規》簽署之時。導火線是琉球王國宮古島的島民搭乘琉球御用船漂流至台灣南端，其中五十四人遭當地原住民「生蕃」殺害。

日本因將台灣視爲清朝的「邦土」，遂向清朝提出賠償要求，卻遭清方拒絕。顧名思義，「生蕃」的「生」意爲「未歸化」；「蕃」則意指「蠻族」，亦即未受中華文明教化的野蠻人，因此清朝主張既未對其實施統治，亦無涉入權責，並將其視爲「化外之民」。換言之，台灣南部不屬中華皇帝的勢力範圍。

此外，清朝指出宮古島民屬琉球王國人民，並非日本人。基於上述兩點，清朝認爲無賠償日本之義務。

有鑑於此，日本於一八七四年出兵台灣。既然台灣原住民居住地為清朝未有效統治的「化外之地」，則依據國際法為無主之地；而琉球自十七世紀初受薩摩藩管轄，至明治維新後亦未變，島民理應視為日本人。既是日本人遭害，日本政府自然可採報復行動，甚至趁機將原住民地區納為殖民地。

想當然爾，清朝強烈抗議此事。雖「生蕃」屬化外，但整個台灣仍屬中國領土，日軍登陸明顯違反《日清修好條規》第一條的互不侵犯條款。然而，當時清朝尚無海軍，無力制止日本行動。

雙方雖進行談判以尋求妥協，卻遲遲無法達成共識。大久保利通親赴北京協商，結果雙方各執己見，爭論不休。最後由英國公使出面調停，促成《北京專約》簽署，事態才獲平息。

《北京專約》由前文與三條構成，其中前文明確記載「生蕃」殺害的是「日本國屬民」，即清朝正式承認宮古島與琉球王國居民為日本人。

此舉也促使日本政府著手將琉球，這個名義上仍為清朝朝貢國的地區，正式納入日本版圖，即「琉球處分」的進展。出兵台灣遂成爲日本—沖繩關係的歷史轉捩點。

此外，條約的第三條則爲日本讓步的部分，確認包括「生蕃」在內的台灣地區皆屬清朝統治。此後，清朝開始籌建海軍，加強對台灣的治理。《北京專約》只是雙方爲收拾當前局勢而作出的妥協產物；但日本出兵及後續舉措，對清朝造成史無前例的衝擊。

儘管清朝過去已屢遭西方列強壓迫，卻也從中體認出透過條約拘束能使對方收斂；再者，由於西方各國距離遙遠，不至於持續威脅。

但日本徹底顛覆了這一「常識」。明明三年前才締結互不侵犯條約，卻形同虛設，更何況日本是近鄰，隨時可能重返來襲。這次事件加深清朝危機感，遂將「最大假想敵」自俄羅斯轉爲日本。

今日仍持續的中日對立，其根源可追溯至明治維新初期。正因雙方對秩序、統治、社會結構、思想語言與詞彙概念均有深層差異，此一對立可謂根深柢固。

而這場對立，於出兵台灣二十年後，再度以日清戰爭的形式浮現於世。

朝鮮半島をめぐる

第七章 與朝鮮半島相關的外交與戰爭

【明治時代】

外交と戦争

琉球的「兩屬」與「隱瞞」

一如前章所述，台灣出兵與解決雙方糾紛的《北京專約》讓琉球走向歷史的分水嶺。隨著琉球王國所屬的宮古島居民被明文記載為「日本國屬民」，琉球更加明確地被納入日本的一部分。

琉球王國是在十五世紀前半成立。當時的日本正值室町時代，中國則由明朝統治，琉球則成為明朝的朝貢國。儘管地理位置與情勢不同，但這與朝鮮王朝於朝鮮半島建立的時期大致相同。由此可見，十四世紀末到十五世紀初是世界史與東亞史的一個重要轉捩點。

而下一個重大變局則出現在十七世紀初，正值「近世」開端。在日本，戰國時代落幕、德川幕府建立；中國則是明朝覆亡、清朝興起。面對東亞的劇變，琉球王國也被迫做出轉變，猶如驚濤中的一葉小舟。

首先是日本方面。薩摩藩在取得幕府授權後出兵琉球，並加以控制。隨著中國政權由明轉清，琉球與中國的關係也起了變化。在明朝時期，琉球與採行閉關政策的明朝關係密切，透過擔任中繼貿易的窗口而得以繁榮。但當主張貿易開放、自由放任的清朝上台後，琉球失去這項優勢，不過仍與清朝維持朝貢關係。

換句話說，近世以降的琉球，一方面受到日本薩摩藩的支配，另一方面又持續作爲中國的冊封國。這種狀態在歷史學中稱爲「兩屬」，是一種在現代國家體系中難以想像的政治關係，也被視爲前現代東亞國際秩序的典型案例之一。

「琉球王國」成爲「琉球藩」

但問題在於，琉球王國作爲當事人，是如何看待這種局勢的？「兩屬」一詞本是明治政府首度使用的概念，而將琉球正式視爲日本領土，則是在「開國」後的幕末時代才逐漸公開化。在此之前，無論是琉球還是日本，雙方都未對外宣稱這項事實，反而是選擇了「隱瞞」。

這場隱瞞的幕後操縱者是薩摩藩。琉球王國一方面持續向清朝進貢，另一方面卻未曾向清廷透露其實已受薩摩藩統治。薩摩藩與幕府當然知悉琉球與清朝的關係，但也同樣未向清朝揭露眞相，顯然是不願節外生枝。簡言之，琉球與日本聯手，長達兩白五十年共同

圖 7-1 ｜琉球使節團「慶賀使」

隱匿這項事實。

比方說，圖7-1就是可供參考的證據。圖中描繪的是幕府將軍更替時，琉球派遣前往江戶致賀的「慶賀使」，他們穿著極具異國風情的服飾，看起來就像是來自海外的使節。實際上雖受薩摩藩支配，卻刻意以非日本形象自居，強調其外國性。

對琉球而言，隱瞞被薩摩藩統治的事實，使其得以維持類似獨立國家的姿態。對清朝的朝貢只是禮儀性質，並非統治與被統治的關係。因此，幕末來航的佩里也曾造訪浦賀與那霸，並與琉球另簽《琉美修好條約》，與《日美修好條約》分開處理。之後法國與荷蘭亦仿效此例，顯示在西方各國眼中，琉球是個獨立於日本之外的國家。

然而這種策略在明治新政府時代便無法持續。爲了全面西化、向世界展現其作爲現代國家的姿態，日本必須明確確立國家的主權與疆域。對於琉球而言，便須徹底擺脫「兩屬」這種東洋式的曖昧地位，完全從清朝分離，劃歸日本。

因此，一八七二年十月，日本政府設置「琉球藩」，發布命令將當時的琉球國王尙泰封爲華族，並任命其爲「琉球藩王」。當時正値廢藩置縣初期，政府或許已有意將「藩」改爲「縣」。至於琉球與西方列強所締結的條約，也表明由日本政府繼承。

之後又歷經台灣出兵與《北京專約》的協議，最終在一八七九年實施琉球的廢藩置縣，琉球王國自此瓦解，「沖繩縣」正式成立，納入日本版圖。不過西方列強早在一八七二年尙泰受封爲藩王時，便已視琉球爲日本領土。

琉球王國的抵抗與消滅

上述的過程是從明治政府的立場所見，但琉球王國方面則始終展現出強烈的抵抗態度，原因在於他們擔心與清朝的關係破裂。

琉球之所以能與西方各國簽訂條約、維持某種程度的自治權，正是因爲一方面作爲清朝的朝貢國，另一方面又「隱瞞」與薩摩藩的關係。一旦失去這樣微妙的定位，將直接面臨國家滅亡與自治權喪失的危機。

然而到了這個節骨眼，琉球反而更加積極主張「兩屬」正是自身的國體。在西方主導的國際秩序中，這樣的立場原本就不被承認，因此形同自招風險；但換個角度看，這也顯示琉球極力抗拒完全納入日本之中。此時，日本與琉球的立場已南轅北轍。尤其琉球的菁英與知識分子深受中國文化與教養薰陶，因此傾向清朝的思想佔據主流。他們普遍認爲，如果直接歸屬日本，將難以向清朝交代；再從現實層面來看，王國一旦消亡，也代表自身生活與地位的崩解。

因此，許多人選擇流亡清朝，積極發動王國復興的行動，這便是所謂的「琉球救國運動」。日方當然無法容忍這種行動，並將這些人列爲「脫清人」，加以通緝。

隨後，大久保利通開始積極主導此事，使局勢逐步朝明治政府的方針發展。正如前述，親自前往北京交涉《北京專約》的也是大久保，而他也成功讓清朝承認琉球人爲日本臣民。

在一切「外圍工作」就緒之後，即便琉球仍在抵抗，日本政府於一八七五年派遣內務大丞松田道之，以處分官身分赴琉球，推動所謂的「琉球處分」。一八七九年接收首里城，將琉球藩改爲沖繩縣，並安排原國王尚泰移居東京，琉球自此被完全納入日本的地方行政體系之中。

清朝對琉球的關注

此外，琉球對清朝的朝貢也就此終止。換句話說，若當時還繼續進貢，就表示琉球與清朝仍未完全斷絕關係。

日本政府之所以急於推動「琉球處分」，與清朝的動向有關。大約在設立沖繩縣的前兩年，也就是一八七七年左右，清朝終於注意到琉球不再派遣朝貢使節，開始察覺異常。當時擔任首任駐日公使的何如璋也立即向明治政府遞交了抗議文書（圖7-2）。

圖 7-2｜何如璋

儘管從清朝的角度看來，這份文書措辭還算溫和，但明治政府卻認爲其中言語無禮，態度轉趨強

硬。次年（一八七八年）雙方雖有交涉，仍無法達成和解。於是日本在一八七九年加快推行廢藩置縣，彷彿要在與清朝的交涉破局前，先將一切化爲既成事實。

可以說，琉球王國的命運正是在西化浪潮與中日秩序衝突之中被夾擊而終結。

日本與琉球的這段發展，讓清朝大感震驚。雖然早已隱約察覺日本在背後影響琉球，但爲免惹事，清朝選擇視而不見。沒想到日本竟將琉球完全納入，自然超出清朝預期。

從清朝立場來看，日本此舉明顯違反《日清修好條規》。日本依據西方的國際秩序，視琉球爲獨立國家；但清朝將琉球視爲朝貢屬國，日本強行吞併琉球，就等於破壞了清朝所維持的秩序體系，無法容忍。

對清朝而言，琉球成爲日本領土本身，並不算什麼大問題。若像今日這樣擁有海洋擴張的戰略目標，或已有明確的領土主權觀念，或許就會如現代對釣魚台問題那般強硬，寸步不讓。但在當時，清朝執政者既無主權意識，對海洋事務也興趣缺缺。因此，即使後來有「脫清人」發起「琉球救國運動」，清朝也僅是基於既有的朝貢關係表面上表示支持，實際上卻擔心與日本關係惡化，反而覺得這類運動頗爲棘手甚至惱人。

然而，與其說清朝在意琉球，不如說它更關切《日清修好條規》所載「互不侵犯」條款被日本輕易破壞。這等於爲未來屬國遭吞併開了惡例，若下次目標是陸地連結的地區，對清朝的安全保障將構成更大威脅。

此時，正巧在世界旅行中的前美國總統格蘭特來到中國，清朝便尋求他的協助。格蘭特雖在南北戰爭中爲北軍英雄，卻也被評爲史上最差總統之一。但因其具備美國背景，日本不得不重視其斡旋。於是，自一八八〇年起，中日展開正式談判。

其實，日本方面也有必須與清朝協商的理由，即前述《日清修好條規》中所載的領事裁判權條款。

衆所皆知，日本曾承認西方列強在本國享有領事裁判權。若無法先糾正這一點，修改不平等條約將遙遙無期。然而，日本也同樣在《日清修好條規》中賦予清朝領事裁判權，在這種情況下，西方列強自然不會同意重新協商條約。換言之，唯有先修改對清條約，表明日本不再一律承認任何國家的領事裁判權，明治政府才有可能啓動與西方國家的條約改正，進一步擺脫不平等地位。

爲換取清朝讓步，日本曾提議將琉球群島南部的宮古島等地割讓予清朝，這便是所謂的「分島改約」。清朝方面則無意追求分島，更關心琉球王國能否復國，想讓其恢復爲朝貢國或屬國的地位。

但對日本來說，正是爲了徹底排除清朝影響，才推動「琉球處分」，因此根本無法接受這種要求。雙方談判破裂，最終只能將結果交由日後的日清戰爭[1]解決。

順帶一提，中國至今仍不承認「琉球處分」，也就是自那時起便不認同沖繩縣的存在與其作爲日本領土的地位。時至今日，沖繩當地仍有「琉球獨立論」的聲音，中國與台灣亦有不少人聲援與參與其中。

日清對立的爭點在於朝鮮半島

當本爲朝貢國的琉球被奪走後，清朝對朝鮮半島愈加關注。一來琉球就在眼前被搶走，二來秀吉曾對朝鮮出兵，日本是否將朝鮮視爲下一個目標實難預料。如前所述，清朝之所以在《日清修好條規》第一條中寫入互不侵犯條款，原本就是爲了防範日本染指朝鮮半島，可見此地對清朝而言，是必須死守的要地。

清朝從「琉球處分」中意識到，《日清修好條規》無法約束日本，於是開始另謀對策。

他們想到，若能促成美國等西方國家與朝鮮締結條約，就能形成制約日本的力量；若能在條約中明載朝鮮爲清朝「屬國」，更可讓外國承認此一關係，避免重演琉球事件。主導此事的是先前提及的駐日公使何如璋與其部下、熟稔日本事務的黃遵憲[2]。黃遵憲甚至撰寫了《朝鮮策略》小冊，並交予朝鮮政府要員，宣傳計畫並推動執行。

不過，美國對清朝的這項計畫抱持疑慮。若在條約中註明「朝鮮爲清朝屬國」，卻又要以對等立場簽訂，將形同自貶地位，美方自然拒絕。

因此清朝刪除條文中「屬國」相關內容，改令朝鮮國王向美國總統遞交一份名爲「照

1 編註：日清戰爭即中文所稱的「中日戰爭」或「甲午戰爭」，發生於一八九四至一八九五年間，係清朝與日本圍繞朝鮮半島主導權爆發的海陸戰爭。最終清朝戰敗，簽署《馬關條約》，割讓台灣與澎湖、賠款並放棄對朝鮮的宗主權。因本書採日本視角，爲避免混淆，故使用「日清戰爭」一稱。

2 編註：黃遵憲（一八四八—一九〇五年），晚清詩人與外交官，爲維新派重要人物。光緒年間出使日本，擔任駐日使館參贊，親歷明治維新後的日本社會與政治改革。其間深入觀察日本的現代化進程，與福澤諭吉等人有交流，並記錄於著名政論詩集《日本雜事詩》中，主張學習日本改革之道以救中國，對清末改革思想產生重要影響。

會」的文件，表達立場。「照會」並非詢問，而是當時指稱對等國家之間往來的正式文書，相當於今日的正式外交信件。

照會中寫道：「朝鮮自古爲中國屬國，但內政外交皆由大朝鮮國君主自理」，並強調「朝鮮是否爲中國屬國，與美國全無關聯」，換言之，即使締結對等條約，也不會構成問題。附帶一提，照會末尾標示中國年號，乃屬國應遵循的慣例。日本沿用自家年號，亦可視爲宣示其不隸屬中國。

接到照會之後，美方態度轉爲柔軟，並於一八八二年締結《朝美修好通商條約》。儘管條文未提及「屬國」關係，清朝之後仍以該「照會」爲據，聲稱美國承認朝鮮爲其屬國。

但問題並未就此結束。早在六年前，即一八七六年，日本與朝鮮已簽訂《日朝修好條規》（江華島條約），其中明載「朝鮮爲自主之國」。「自主」在當時即等同於今日「獨立」之意。當時漢語尚無「獨立」一詞，諸如《萬國公法》等譯本亦將「independent」或「independence」譯爲「自主」，可見「獨立」是日語化的翻譯漢語，而「自主」則爲當時的正式表述。

換言之，當時的日本視朝鮮爲獨立國；然而，根據清朝對《朝美修好通商條約》的解讀，朝鮮又是其屬國。兩種立場自相矛盾，最終讓日清朝三方關係不斷惡化，陷入泥淖。

對清朝與朝鮮絕望而產生的「脫亞論」

《朝美修好通商條約》簽署兩個多月後，朝鮮國內爆發了動搖局勢的大事件——士兵發動武裝政變，推翻當時政權，另立新政權，史稱「壬午軍亂」。日本公使館也成爲襲擊目標，數名公使館員及日本人遇害。

這場軍亂爆發後，日本先派兵前往朝鮮，要求朝鮮政府賠償與收拾善後。清朝見狀也擔心朝鮮半島被日本奪走而派兵前往朝鮮，並以宗主國身分鎭壓叛軍、恢復原政權後，駐軍於漢城不退。

這種赤裸裸的外國干涉與重掌政權的結果，引起許多朝鮮人士的不滿。於是他們於兩年後的一八八四年再度發動政變，成功推翻政權，但因遭駐紮的清軍反擊，不到三天便遭平定。此即「甲申政變」。

就在此時，發動政變的陣營向日本尋求軍事支援，應援而來的日軍也隨之在漢城王宮與清軍正面交鋒。然而，由於雙方軍備尚不完備，衝突並未升級爲全面戰爭。當時局勢已一觸即發，幾乎可說瀕臨戰爭，但最終雙方仍設法避免了戰事擴大。

然而，一連串事件令日本深感震撼，因爲朝鮮完全展現其清朝屬國的本質。日本雖曾以「征韓論」輕視朝鮮，卻也寄望其能獨立，效法日本邁向現代化。代表人物福澤諭吉便在其主辦的《時事新報》發表相關社論，實際上亦聲援主張脫離清朝的政變派（圖7-3）。

甲申政變失敗讓福澤徹底絕望，遂提出「脫亞論」。其核心主張可見於下列一段：

「的確，為今日謀，我國不可再等待鄰國開明，共同振興亞洲。寧可脫其伍，與西洋文明國家共進退，不必因鄰國之故，而對支那、朝鮮另眼相待，只需如西洋人般對待即可。與惡友為伍，必染惡名。我輩理應在心中謝絕亞洲東方之惡友。」（福澤，一九五二）

福澤認爲，要邁向現代與文明，必須與「儒教主義」決裂。他曾說「封建制度如同殺父仇人」，意即若不打破舊體制，東亞便無法擺脫儒教體系。

然而，清朝與朝鮮終究未能脫離儒教主義，朝貢體系即是其典型代表。因此福澤主張，日本毋須再與清朝、朝鮮爲伍，應直追歐美。由於這是他切身經歷的衝擊，他的論調尤顯切實。

圖 7-3｜時事新報

更甚者，清朝在儒教體制下仍持續擴軍與推行現代化，對日本構成莫大威脅。清朝雖在日本出兵台灣時才視日本爲假想敵，但日本也開始將清朝視爲潛在敵手。

於是，日清雙方展開軍備競賽。日本亦於此時在廣島縣吳市設立海軍基地，其一理由即爲防範清軍由瀨戶內海進攻。

無論如何，日清對立此時已日趨激烈，形勢日益險峻。

日清開戰的覺悟

日本與清朝對立的焦點當然是朝鮮半島。若從朝鮮與清朝的關係來看，朝鮮雖擁有外交權與一定程度的自主權，但不能與清朝平起平坐，也不能對清朝失禮，更不能與中國敵對的國家建立關係。從這些限制來看，朝鮮的確是清朝的屬國。

如果遵守這些規則，雙方之間本不會出現太大問題。然而，日本希望與朝鮮建立獨立國家間的對等關係，強化雙邊往來，這在當下已與清朝的想法相牴觸，再加上美國、俄羅斯等西方列強也逐漸認爲清朝對朝鮮的態度不合情理。

對此，清朝毫不讓步。更具體地說，當朝鮮繞過清朝，與其他國家建立緊密關係，或尋求援助與指導時，清朝反而會立刻強硬起來。

直到一八九四年爲止，三方仍勉強維持著權力平衡。但就在這一年，朝鮮國內再度爆發大規模動亂，即「甲午農民戰爭」，又稱「東學黨之亂」。

朝鮮政權爲了鎭壓暴動而向清朝請求援軍，日本則視此舉爲威脅，也派遣軍隊前往。此時的日本，似乎已有某種「開戰的覺悟」。

在過去的「壬午軍亂」與「甲申政變」中，日軍皆敗於清軍之手。若第三次仍遭擊退，日本在朝鮮半島的地位勢必陷入危機。爲了避免此種結果，日本政府已意識到終須與清軍正面一戰。

將這些情勢詳實記錄下來的，是當時的外務大臣陸奥宗光。他在《蹇蹇錄》中寫道：

「日清兩國在朝鮮各自維持勢力之意圖，已至水火不容之地步。日本自始即將朝鮮視為獨立國家，主張清韓之間長久以來含糊不清的宗屬關係應予終止；反之，清國則以過往關係為依據，公開主張朝鮮為其屬邦。即使實際上清韓之間缺乏國際公法所要求的宗屬要件，清國仍力圖在名義上維持朝鮮為其屬邦之地位。」（陸奥，一九八三）

儘管清朝與朝鮮的關係未符合國際法所定義的宗屬關係，清朝仍片面地將朝鮮視爲屬國。日本則主張斬斷這層含糊關係，使朝鮮得以獨立，並將此作爲開戰的正當理由。

另一方面，時任總理大臣的伊藤博文則反對開戰。一方面他敬重清朝李鴻章的外交手腕，認為雙方只要好好談判，就能避免衝突。不過，陸奧和政府核心成員與朝鮮現地的日本當局緊密聯繫，主張中日之戰已無可避免，最終迫使伊藤也不得不接受開戰的決定。

日俄戰爭只是日清戰爭的「延長戰」

一八九四年，日本發動了日清戰爭，結果也出乎預料地由日本大獲全勝。日本除了掌控朝鮮半島，連遼東半島也收入囊中，部隊甚至兵臨北京城下。

然而，這場「勝得太過」的戰爭，卻為日本日後埋下禍根。隔年一八九五年，日本與清朝簽訂《下關條約》（即馬關條約），除了確立朝鮮獨立，還迫使清朝割讓遼東半島、台灣與澎湖群島，並支付賠款。不過，隨即遭到俄羅斯、法國與德國三國干涉，日本被迫將遼東半島歸還清朝。

更糟的是，這反而激起俄羅斯進軍東亞的野心。清朝對日本的警惕也升高，為了抗衡日本，只能選擇與強權俄羅斯結盟，遂以東三省的權益為代價引入俄國。此後，本文將依照當時日本人的習慣，稱東三省（即現今的遼寧、吉林、黑龍江）為「滿洲」。

從地緣政治角度來看，站在北京立場，朝鮮半島與遼東半島本就密不可分。若要確保朝鮮半島的安全，「滿洲」也必須穩固；反之亦然，兩地一體，任一落入敵手，皆會牽動另一方安危。

因此，清朝堅守朝鮮不被日本掌控，是爲了「滿洲」的安全。這也正是簽訂《日清修好條規》、反對「琉球處分」、乃至訴諸戰爭的根本理由。只可惜這一切最終全盤落敗，清朝只能轉而依靠俄羅斯。

對日本而言，儘管掌握朝鮮半島，卻被俄羅斯封鎖了進一步擴張的通道，甚至有被逼退之虞。當時日本早已將俄羅斯視爲遠超清朝的威脅，因此主動向俄羅斯提議，雙方在「滿洲」與朝鮮半島各自保持勢力範圍，互不干涉。

然而俄羅斯拒絕了這項提案。除了輕視日本本身，亦與清朝同樣，從地緣戰略上視「滿洲」與朝鮮爲不可分割的整體。既然要掌控「滿洲」，就不能容許日本勢力在喉頭盤踞。因此，這一拒絕讓日本徹底絕望，轉而決意與俄羅斯對決。

一九〇四年，日俄戰爭爆發。如衆所周知，日本雖以些微差距艱困取勝，但雙方對峙的本質，其實與日清戰爭如出一轍。儘管在日本史上的地位不同，但若從地緣或國際政治的視角來看，兩者的爭點皆圍繞朝鮮半島。因此，日俄戰爭可謂日清戰爭的延長戰。

從大日本帝國轉型爲「帝國日本」

經過上述兩場戰爭之後，日本將朝鮮半島納爲保護國，之後又將其併吞，同時也從俄羅斯手中奪得「滿洲」的權益。自此，日本的立場發生重大變化，變得和過去的清朝與俄羅斯一樣，對朝鮮半島執著不已，與此同時，也堅決不讓出「滿洲」的半寸土地。

要讓朝鮮半島遠離敵對勢力之手，才能保障日本列島的安全。過去日本的目標僅止於此，但隨著中日戰爭與日俄戰爭之後，日本意識到，要維持朝鮮半島的安全，就必須同時穩住「滿洲」；反之亦然。簡單來說，日本已經深陷其中，難以脫身。

大約從這時起，日本被稱爲「大陸國家」，若用現代學術用語來說，則被稱爲「帝國日本」。當日本取得朝鮮半島與「滿洲」這些殖民地後，國家的主要目標也從確保地緣政治安全，轉向追求經濟利益。

雖然當時日本已自稱「大日本帝國」，但那只是一個皇帝—天皇統治的國家，並不具備實質上的「帝國」性質。從這一時期開始，日本才眞正轉化爲名副其實的帝國，並全面實踐帝國主義。這樣的轉變，自然也對日本與中國之間的關係，乃至整個東亞格局產生深遠影響。

事實上，同一時期的中國也發生巨大變化。簡言之，就是中國民族主義的興起。過去在西方列強入侵下，中國社會陷入混亂，面臨分裂瓦解的危機，作爲反動力量的民族主義，於是開始凝聚人心，推動統一的呼聲。

巧合的是，日本贏得日俄戰爭、奪得「滿洲」權益的同時，正是中國民族主義崛起之際。中國國內出現一股效法日本、建立民族國家的風潮。然而，無論在政治還是經濟層面，橫亙在中國前方的障礙，卻正是日本。

日本的「工業革命」與中國

不論是政治、軍事還是經濟領域，日本與中國始終有著千絲萬縷的聯繫。其中最具代表性的例子，就是棉業的發展趨勢。

圖 7-4｜機械生產棉線的供給量

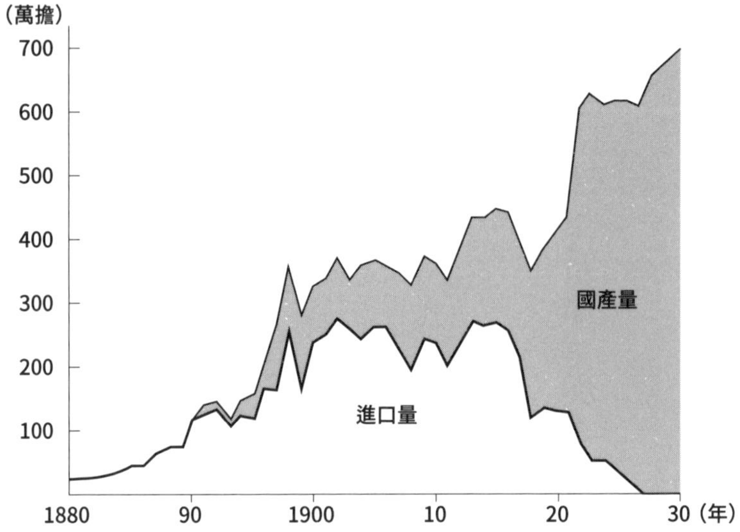

(出處) 森，2001。

衆所周知，明治維新後的一八七〇年代，日本爲了推動文明開化與富國強兵，透過殖產興業政策快速發展產業。政府爲了活絡民間經濟，幾乎以國策方式扶植財閥勢力。

如同工業革命的發源地英國，日本的核心產業也是棉業。這種發展趨勢一直持續到一八九〇年代，不只日本，整個東亞地區都是如此。然而，在一八八〇年代，亞洲最早進入工業革命的並非日本，而是印度。印度作爲英國的殖民地，這種情況可說是順理成章，特別是孟買一帶，出現大量由英國資本投資的紡織工廠。

印度製造的棉線主要外銷至中國市場。如圖7-4所示，一八八〇年代中國進口的機械棉線數量急劇上升，這一趨勢延續至一八九〇年代，不過主要的進口來源卻從印度轉爲日本，這也標誌著日本終於眞正進入了工業革命的階段。

這一轉變有其深層原因。那就是印度將貨幣從銀本位制，改爲仿效宗主國英國的金匯兌本位制。當時西方各國已普遍採用金本位制，因此銀幣的價值不斷下跌。印度的棉線改以黃金計價之後，對仍採銀本位制的中國而言，價格自然偏高；相對地，當時仍維持銀本位制的日本，便在價格上具有壓倒性競爭優勢，趁勢打入中國市場，搶下原屬印度的市場份額。

到了一九〇〇年代後，日本開始將整座工廠直接遷移至中國，以上海與中國南方爲主要據點。由於日本自一八九七年起也改採金本位制，從企業角度來看，若再將棉線從日本出口，價格將偏高，因此乾脆直接在中國設廠生產。

■ 中國的「工業革命」由日本帶動

中國「國產量」的增加正是源於這個背景。隨著日本技術的轉移，中國開始自行建造工廠，發展本國的紡織產業。這類紡織產業被稱爲「民族紡織」，標誌著中國的工業革命終於啓動。換言之，若沒有來自日本的輸出與技術轉移，中國的工業化與工業革命根本不可能實現。

自一九一〇年代以後，棉線的「進口量」逐漸下降，「國產量」則迅速上升，「民族紡織」迎來了所謂的「黃金時代」。第一次世界大戰爆發後，西方各國停止金本位制，導致金價下跌、銀價飆升，這便成爲「國產棉線」快速擴大的主要原因。

當時中國的外匯以白銀爲主，庶民則普遍使用銅錢。銀價上漲導致銅錢相對貶值，對一般民衆而言，以白銀進口的棉線顯得非常昂貴，自然難以購買。相反地，原料棉花若以白銀向國內收購，則可取得更多數量。因此，若能在國內大量採購棉花並就地生產棉線，將更具價格競爭力。

雖然「國產量」增加，但這並不代表日本棉業衰退。因爲在日本國內生產與出口不再具優勢，日本企業反而加快將工廠遷至中國，實施在地採購、在地生產，這類紡織產業被稱爲「在華紡織」。

從一九二〇年代起，市場情勢驟然改變。隨著戰後西方各國重建經濟，貨幣體系也恢復爲金價高、銀價低的狀態，銅錢因而相對升值，棉花價格隨之上漲，棉線價格則下跌，導致利潤空間縮小，「民族紡織」的黃金時代也因此告終。

另一方面，「國產量」仍持續上升，據推估，其中超過一半爲日本企業在中國的生產所貢獻。一九〇〇年之後，中國的棉線總供應量（含進口與國產）約維持在四百萬擔左右（一擔爲五十或六十公斤），這大致是中國傳統市場的消費極限。

然而自一九二〇年代起，總量攀升至約七百萬擔，幾近倍增，顯示新市場的開拓。這是以城市富裕階層爲對象，提供柔韌棉線與輕薄棉布等高級品的市場。而具備這類製品技術能力的，只有「在華紡織」，而「民族紡織」則僅能生產供庶民使用的平價商品。換言之，兩者形成了市場區隔，各自滿足不同階層的需求。

無論如何，中國的工業革命是被納入日本工業化後的經濟圈中，在日本企業的帶動下得以實現，最終也促成了日中之間密不可分的經濟關係。

アイデンティティの破滅へ

第八章 身分認同的破滅

【大正時代—昭和時代初期】

梁啓超帶來的轉機

進入二十世紀後，中日兩國在經濟與政治上的聯繫愈發緊密，也由此孕生出新的對立局勢。

如同前一章所述，西方列強的入侵與日清戰爭對中國社會造成巨大衝擊，引發國人對領土與民族團結的強烈關切，民族主義思潮因而興起。此時逐漸形成一種觀點，認爲應以較早實現現代化的日本爲學習對象，而提出並推動這種想法的，正是當時流亡日本的開明派政論家與新聞人梁啓超。

梁啓超曾說：「來到日本，學會閱讀日語後，我的思想徹底改變。」他之所以對事物的理解產生翻天覆地的轉變，是因爲透過閱讀日語著作，汲取了大量新知。這些知識當然並非全是源自日本本土，而多是日本引進西方現代事物與觀念後，再以和製漢語轉譯而成。例如「國民」、「憲法」這類詞彙，便是在這一時期由日本傳入中國。

梁啓超運用這些嶄新的語彙與文體，在中國開創了眞正意義上的新聞學，被譽爲「言論界的寵兒」。他主筆的啓蒙雜誌《新民叢報》（創刊於一九〇二年），在青年讀者與城

圖 8-1｜新民叢報（創刊號）

（註）中國的疆域。《新民叢報》第一號封面以帶紅色的色調塗出中國的範圍，明確標示出其領土疆域。

市知識分子之間迅速走紅，引發效法日本的熱潮，日本的思想觀念也隨之廣泛流傳（圖8-1）。

此後，透過梁啓超的牽線，大量中國年輕人赴日留學。他們的動機並不單純只是求學。事實上，在一九〇五年，延續千餘年的官吏選拔制度——科舉被正式廢止，取而代之的是對留學經歷等新式資歷的重視。對於志在仕途的年輕人來說，最便利的留學地點自然是距離近、文字相通的日本。因此，許多人在出國前使努力閱讀《新民叢報》，作爲留學準備的重要參考。

日中關係從蜜月期走向新的對立

儘管雙方經歷過日清戰爭，但直到此時，日本與中國的關係仍可看出是相對友好的。最具象徵意義的，是清朝於一九〇八年制定的《憲法大綱》。這份旨在推動立憲政治的草案，其開頭寫道：「大清皇帝統治大清帝國，萬世一系，永永尊戴」，幾乎與日本《明治憲法》的開場白如出一轍，一眼便能看出是以日本爲藍本。

順帶一提，清朝自建國以來一直使用「大清國」的國號，「大清帝國」雖僅一字之差，卻是史上未曾出現的稱呼。正如第六章所述，中國傳統漢語並無「帝國」一詞，因此此處出現「大清帝國」，可見乃仿效「大日本帝國」所創，亦說明「帝國」這一和製漢語在中國已普遍使用。

事實上，早在十年前，「大韓帝國」也已成立。然而，當時的大韓帝國已是「帝國日本」的保護國，最終更被日本吞併。

這股以日本爲模範的潮流，當然是由赴日留學的青年所帶動。諷刺的是，這批人也成了送清朝走向終結的推手。當時日本接納了大量在政治與思想上與清朝對立、遭到流放的異議分子，梁啓超正是其中之一。他們與留學生群體結合，積極推廣推翻淸朝的革命思想，並在一九一一年引領辛亥革命，成立中華民國。歷史學界之所以稱日本爲「辛亥革命的起源地」，正是基於這樣的背景。

然而，自此之後，日本與中國的蜜月關係也劃下句點。日本經歷日俄戰爭後，掌握了「滿洲」的權益，而剛誕生的中華民國則高舉前章提及的中國民族主義，對日本的擴張提出強烈反對，兩國間的對立逐漸浮上檯面。

支持中華民國的則是美國。除了與日本在中國的經濟利益有所衝突，美國也基於維護國際秩序與道德立場，無法坐視日本對中華民國的強硬態度。而且中華民國作爲一個共和體制的國家，美國也有意將其納入自身的陣營。

一九一二年，是中華民國誕生的一年，也正值日本大正時代的開端。隨著年號更替，日本與中國，以及中國背後的美國之間的關係，也變得日益緊張。

中國的變革

辛亥革命的起源地在東京。當時那些企圖推翻清朝、遭到流放或通緝的人紛紛逃往日本，組成各種革命團體，展開地下活動。其中一部分年輕人在東京逐漸團結，並於一九〇五年組成一個以「革命」爲志向的團體——「同盟會」。

不過，同盟會與同時期也在日本活動的梁啓超一派之間存在對立。梁啓超主張在維持清朝的前提下推行立憲君主制，也就是仿效日本明治政府所採取的體制，因此他們被稱爲立憲派。

而革命派的目標則是徹底推翻清朝、奪取政權，建立共和體制的新政府。因此，「革命」這個詞既指傳統漢語中「推翻王朝」的意思，同時也吸收了英文「revolution」的概念，具有政體與社會全面變革的含義，是一種和製漢語的翻譯詞。

立憲派與革命派各自發行機關刊物，展開激烈的論戰。梁啓超幾乎一人獨立編寫的《新民叢報》，對上革命派所創辦的《民報》，雙方甚至還發行「號外」，進一步突顯彼此的分歧。這些號外主張，《新民叢報》所追求的立憲民主制度，其實仍是異族皇帝專制政權的延續，早已過時；而革命派要透過「革命」建立的共和政體，則是依循民族主義與民主主義原則建立的民族國家。

對此，立憲派也反駁說，在民族國家、民主主義、憲政等方面，他們與「革命」派並無二致。他們主張君主制，只是認爲若不擁立君主，國家將無法實現整合。換句話說，雙方爭論的焦點是是否保留君主，至於國家的整體構想——建立一個民族國家，則幾乎沒有差異。

他們之所以會有這樣的思考方式，與移居日本後所受到的社會影響密不可分。長期浸潤於日語與日本式的民族國家觀念，使他們逐漸認爲，這樣的國家模式才是理想的方向。

尤其令他們震撼的是，日本展現出政府與庶民一體的狀態。這點與長期官民分離的中國形成鮮明對比。他們也因此開始吸收民族主義的觀念，認爲唯有明確劃分本國與外國、讓國民共享共同的自我認同，國家才眞正成立。

最終，一九一一年的辛亥革命由「革命」派主導，部分立憲派加入，共同掀起行動，導致清朝滅亡。翌年一九一二年，建立共和體制的中華民國宣告成立。新政府以南京爲首都，並以允許清朝皇帝繼續居住紫禁城等「優待條件」爲交換，徹底剝奪其所有政治權力。

新生的中國與對日關係

從一九〇五年起不到短短十幾年間，中國經歷了一場歷史上罕見的大變革。自秦始皇以來延續兩千多年的皇帝制度走向終結，第一個共和國誕生了。這並非以往那種朝代更替，而是徹底改造了既有的政體。既然要建立新體制，就必須清除舊制度積累下來的弊病，矯正各種扭曲，因此才選擇了民族國家的模式——這正是當時革命派與立憲派在論戰中都主張的立場。

這場變化最具象徵性的詞彙，就是「領土」。這原本不是傳統漢語詞彙，而是來自日語。不過，在梁啓超與「同盟會」的論戰中頻繁出現，之後隨著革命派掌握政權，「領土」一詞便直接沿用，並逐漸成爲中國的官方用語。換言之，直到中華民國成立後，「領土」這個概念才首次在名實兩方面被眞正意識到。

然而，這樣的大變革並不代表穩定的來臨。無論東方或西方，「革命」往往都伴隨著混亂。當時的新政府制定了《臨時約法》作爲暫時憲法，推行選舉與國會制度，內容甚至比今日的中華人民共和國憲法更具民主性，但也正因此引發混亂。意見難以統一，導致內政與外交陷入停滯。

在這樣的情勢下，懷念舊日獨裁體制的勢力開始崛起。其中代表人物便是清朝軍人、李鴻章的繼承者袁世凱。他們以北京爲據點，對主張議會制度的國民黨展開壓制，卻無法化解混亂，反而引起國內外強烈反彈，袁世凱也因此在失意中辭世。

此後，軍閥混戰日趨激烈，政局持續停擺。儘管民族主義思潮開始興起，要求國家團結一致、驅逐外國勢力的呼聲也日漸高漲，但國內依然四分五裂，民族國家的體制始終未能落實。整個過程中，也暴露出理念與現實間的嚴重落差。

之所以如此詳盡說明中國的情勢，是因爲這段過程與日本完成明治維新的經驗形成了鮮明對比，也反過來突顯出日本國家的特質。

然而，對中國而言，作爲新興國家的一個最明確且始終未曾動搖的立場，就是將日本帝國主義視爲主要的對抗對象。這一點，對日本之後的歷史發展也產生了決定性的影響。

新興霸權國家美國染指中國

此時西方也出現了地殼變動般的變化。英國經濟逐漸衰退，美國與德國崛起。能源主流從煤炭轉爲石油，化學工業也迅速發展。

隨之而來，國際政治的權力結構也產生變化，美國開始掌握主導地位。這場全球潮流的劇變，也深深影響了動盪中的中國。

例如，中國留學生原本多前往日本，但進入二十世紀後，赴美人數漸增。這波轉變的契機，是一九〇〇年的「義和團事件」。當時主張反洋、反基督教的祕密結社義和團發起暴動，佔領北京，襲擊教堂與大量外國人。於是美國、英國、德國等列強加上日本，共組八國聯軍進軍北京並加以鎮壓，並要求清朝賠償一筆天文數字般的金額。

然而清朝無力支付，在美國主張下，部分賠款得以退還，不是直接返還，而是以教育基金的形式運用，例如在中國興建美式學校，或提供赴美留學的獎學金。

例如，今日北京知名的清華大學，即是在這樣的背景下創立。最初它只是爲了準備赴美留學而設立的預備學校。美國教育界的重要人物、哲學家約翰·杜威（John Dewey）也曾長期駐留中國，講授美式教育課程。

結果，中華民國的教育體系逐漸從日本模式轉向美國模式。不只教育領域，日本過去在中國的強大影響力也逐步被美國取而代之，而這股轉變，也與中華民國國內的排日情緒相互呼應。

中國民族主義的高漲

第一次世界大戰成爲美國崛起與日本轉型的關鍵契機。當時歐洲各國深受戰火摧殘，加上金本位制度中止，導致匯率劇烈波動、經濟混亂。而日本趁勢而起，趁火打劫地試圖擴張在中國的權益，對袁世凱政府提出了「二十一條要求」，內容包括繼承德國在山東的權益、以及確保「滿洲」的勢力範圍等。

袁世凱認爲這些要求過於苛刻，遂訴諸國際輿論，日本因此惹怒美國與英國，遭到外交壓力而被迫部分讓步。但袁世凱政府自身也無力抗衡日本，最終仍在一九一五年戰爭期間接受了要求。

若細讀二十一條，客觀而言或許不至於荒謬，然而它卻點燃了中國的民族主義情緒，也讓日本成爲首要排斥對象。日本遞交最後通牒的五月七日，以及袁世凱接受條件的五月九日，後來都被定爲「國恥紀念日」，每年舉行遊行、集會、罷工等活動。即便在十多年前，也曾爆發大規模的反日暴力示威，顯示那段歷史仍未完全平息。

其後，「二十一條要求」在一九一九年的巴黎和會中被提出討論，最終大致獲得國際社會認可。這激起中國知識分子及各界的強烈反彈，並展開激烈抗議。由於運動始於五月四日，因而稱爲「五四運動」。在群情激憤下，當時的中華民國政府拒絕簽署會議所通過的《凡爾賽條約》。

這場運動的矛頭直指日本，同時也高舉「反帝國主義」的口號，這一主張成爲往後諸多社會運動的核心。

而此時選擇聲援中國的是美國。儘管美國自身也屬於帝國主義陣營，但當時總統威爾遜提出「民族自決」與「新自由」等理念，寄望世界能從強權政治轉向公理主導。這樣的方針也在中國與東亞地區獲得廣泛認同。此後，美國更於一九二一至一九二二年主導召開「華盛頓會議」，透過國際框架明確牽制日本在中國與東亞的擴張行動。

換句話說，美國試圖無視過往脈絡，將新的國際秩序帶入亞洲。對中國而言，這無疑是求之不得。儘管國內政局動盪不安，但有美國作爲外交後盾，便得以與日本抗衡，也突顯出當時日本政府在外交手腕上的拙劣。

這種局勢一直延續到一九三〇年代，中日對立也逐步激化。中國方面，民族主義日益高漲，引發「國民革命」。一九二〇年代末，蔣介石率領國民革命軍展開北伐，從廣東出發，沿途掃蕩軍閥，北上進軍。

日本該如何因應中國變局，成了外交上的重大課題。然而，歷經明治維新而重生的日本，似乎未能發展出妥善應對的機制與手段，政府與軍部在方針上爭執不休，最終影響到整個政體運作，導致軍部逐漸走向獨斷專行的局面。

石橋湛山的「小日本主義」

話說回來，當時的日本仍沿用自江戶時代末期以來的國號「大日本帝國」。雖然自稱帝國，但在明治中期以前，這個稱號多少帶有虛張聲勢的意味。直到日俄戰爭結束後，日本才眞正轉型爲「帝國」，不僅擁有殖民地，還從島國蛻變爲擁有中國大陸權益的「大陸國家」。轉型後的日本必須摸索新的國家經營方式，也無可避免地走上與敵視日本的勢力對抗之路，換言之，就是實踐帝國主義。

一九二〇至三〇年代之間，執政者、菁英與知識分子之間針對日本在困局中應走的方向展開激烈辯論。雖然日本遵循福澤諭吉的主張，接受西方文明，邁向現代化國家之路，但與亞洲的關係也因此惡化。於是出現了分歧：是否應繼續現行路線，還是應該轉而採取以亞洲爲本的思考？同時，關於日本列島之外的領土與權益是否應保有，也引起諸多意見。

此時最引人注目的是戰後曾任首相的記者石橋湛山（圖8-2）。他提出「小日本主義」，主張當時的日本應有「放棄一切的覺悟」。他引用具體統計數據說明，經濟基礎尚不穩固的日本擁有殖民地反而弊大於利，日本列島本身已綽綽有餘；應主動放棄在外權益，讓殖民地

圖 8-2｜石橋湛山

照片提供：東洋經濟新報社

獨立，轉而與美英等國進行自由貿易，獲利反而更大。

石橋的論點條理清晰、立場明確，從今日觀點來看極具說服力，也堪稱合理。戰後日本確實走上這條路線，迅速復興，因此石橋被認爲是少數在戰前沒有犯錯的政治人物。然而，他的主張在當時卻幾乎未被接受，爲什麼會這樣呢？

石橋的論據主要依賴量化的經濟資料，這也是其主張具說服力的根源；但他同時忽略了日本與中國早已不僅是經濟，而是在軍事、社會、文化層面也形成了錯綜複雜的關係。舉例來說，關係到日本列島安危的朝鮮半島與「滿洲」在地緣政治上有其一體性，然而各地卻出現愈來愈強烈的排日、反日情緒，這些情況該如何在安全保障的視角下加以理解？更何況，儘管兩國在政治軍事上互有矛盾，當時中國對於在華紡織與日本製品的需求與依賴卻日益加深，而這種深層聯繫並無法直接呈現在統計數字中。既然中國在利害交織之下無法完全切割與日本的關係，那麼石橋的主張自然也就被視爲不切實際的空論而遭忽視。

圖 8-3｜抵達神戶高等女學校的孫文

進入「亞洲主義」的時代

取而代之成爲主流的是「亞洲主義」[1]。這套主張認爲，亞洲不該繼續被歐美帝國主義主導，而應由亞洲自身來整合自身，而在亞洲諸國當中，唯一能與歐美比肩的日本，便自認爲是亞洲的盟主。然而，除了軍事上的優勢之外，日本是否還具備其他正當性？具體應該朝什麼方向努力？這些問題始終沒有清楚的答案。

此外，儘管日本方面也援引東西方的思想來論述這套「主義」的正當性，但不可否認的是，當時日本社會普遍對於中國日漸高漲的排日與反日情緒懷有根深柢固的鄙視。

他們認爲中國無法建立眞正的民族國家，不遵守條約，也無法符合當時的國際標準與規範，進而產生一種「應該加以指導與矯正其惡習」的優越心理。於是，即使日本高喊亞洲團結的美辭麗句，對中國以及亞洲各國而言，也不過是換了說詞的侵略野心，亞洲主義聽起來只是包裝過的擴張策略而已。

舉例來說，領導中國革命的孫文，曾於晚年的一九二四年在日本神戶高等女學校發表演說，這場演講被稱爲「大亞洲主義演說」，也常被日本人視爲孫文留給日本的遺言（圖8-3）。

其中最爲人熟知的一句是：「日本究竟要成爲西方的爪牙，欺凌東方，還是要作爲東方最後的堡壘，挺身而出保衛東方？」據說這段話並非出自當時現場演講，而是後來整理成文時增補的內容，但無論如何，這番話明確地要求日本在東亞局勢中表明自身的立場。

---

1 編註：亞洲主義（Pan-Asianism），又稱「汎亞主義」或「亞細亞主義」，是指日本與其他亞洲國家之間的一系列思想與政治運動，興起於十九世紀末，旨在抵抗歐美列強的帝國主義侵略，主張由亞洲人團結自強、共建秩序。在日本，早期稱爲「興亞論」，由興亞會、玄洋社等團體倡導，代表人物包括頭山滿與內田良平。

同一年，中國國民黨與共產黨展開「國共合作」，並啟動「國民革命」。之後，孫文的繼承人蔣介石如前所述展開北伐，並在獲得英美支持後成立國民政府，進一步以實際行動要求日本選邊站隊。

最終，日本在未能釐清自身認同的情況下，逐漸滑向強硬路線，最終被美國步步逼迫，不得不走上戰爭之路。

■「排斥日本」有意義嗎？——梁啓超的慧眼

其實中國也同樣受到美國的煽動。一如前述，中國與美國在阻止日本侵略亞洲這一點上利害一致。只是孫文與蔣介石都屬於知日派，所以孫文才會如前所述，在日本發表演講；蔣介石也如後文將提到，在滿洲事變期間採取較爲姑息的立場。

不過，隨著民族主義的持續高漲，以及美國的推波助瀾，中日之間原有的顧慮已無從顧及。中國的排日運動與反帝國主義運動也愈發激烈。

此時冷靜觀察中國局勢的，正是前文提到的梁啓超。當時他已年過五十，是輿論界的領袖人物。他在〈第十年的「五七」〉專欄中，將每年盛大舉行的「國恥紀念日」遊行形容爲一種「興奮劑」，並寫下如下意見：

「『回收教育權』、『打倒資本主義』、『打倒帝國主義』這些近來流行的口號，正是民主運動最常見的旗幟。姑且不論這些口號本身是否正確、有無弊端，總有人會質疑：『我們真有能力打倒這些主義嗎？』『又該如何打倒？』但只要一提出這樣的問題，就會被斥為多言無益，甚至遭到怒斥『幹就對了』。若聲音不夠大、不夠即時，就會被視為公敵，只在乎口號的氣勢，而完全不允許人們思考實行的困難。老實說，這十幾年來所謂的民眾運動，不過是在反覆上演這樣的戲碼罷了。」（梁啟超，二〇二〇）

簡單來說，梁啓超批評當時中國的激進行動與辛亥革命時期一樣，言行不一。他指出，儘管在政治上高舉愛國主義、民族主義與排日情緒，但中日兩國在經濟與文化上仍緊密連結，特別是在貿易上雙方都獲益良多。無視這些事實，一味撻伐日本，反而是自斷後路。

換句話說，當時的中日關係是典型的「政冷經熱」。若能冷靜評估利害，壓制政治對立、強化經濟合作才是明智之舉，這一點中國的知識分子也有所提醒。可惜的是，最終反日運動似乎與日本的強硬政策互相激化，終於導致戰爭爆發。蔣介石原本並未預想走向全面開戰，也希望能加以避免，但到頭來已無力回天。

「王道樂土」、「五族協和」都是空洞的口號

日本當時最迫切的課題，是如何應對中華民國的國民政府。國共合作發起國民革命後，美國給予支持，連英國也作出讓步，轉而支持國民政府。反觀日本則無暇顧及，只能為了維護自身權益而選擇對抗，在一九三一年發動滿洲事變，隔年一九三二年便建立了「滿洲國」。

「滿洲國」當時提出的兩個口號，與英美所倡的民族主義，以及中國本身的民族主義意識形態，可說是背道而馳。其中一個口號是「王道樂土」，雖然其具體意涵模糊難明，但大致是強調與歐美帝國主義國家或中央集權體制有所區隔。

另一個口號是「五族協和」，其實有其淵源。在更早的辛亥革命時期，孫文等「革命」派曾提出「五族共和」作爲號召，這便是「五族協和」的出處。所謂五族，是指藏人、蒙古人、維吾爾人、滿洲人與漢人，目標是讓這五大民族融合爲「中華民族」，共同建立中華民國。但實際上，「革命」政府推動的政策，是以漢人同化其他四族。這種方針，今日的習近平政權也延續下來，衆所皆知。

至於日本所扶植的「滿洲國」，則由蒙古人、漢人、滿洲人、朝鮮人與日本人組成五族，提出「五族協和」的口號，是在模仿「五族共和」的同時，也傳達出五族必須攜手合作的訴求。雖然日本人握有主導權是衆所皆知的事實，但這套論述多少還是作爲對中國民族主義的一種對立姿態。

如果日本對中國大陸的進軍僅止於「滿洲國」一地，或許傾向和解的蔣介石還有意願尋求妥協。畢竟這原本只是政治權益的角力，雙方在經濟上仍可維持合作關係。主導滿洲事變的石原莞爾原本也主張不擴大戰事，蔣介石亦有此意。未料，隨著日本軍部與中國境內如共產黨、張學良等拒絕妥協勢力的崛起，情勢迅速惡化，最終演變爲全面戰爭。

「帝國」與「皇國」的破局

讓戰爭全面升級的契機，是一九三七年的第二次上海事變。一名日本軍人在上海遭到射殺，引發中日雙方派兵對峙，進而爆發激烈戰鬥，戰事迅速擴大。日軍隨後擴張戰線，攻佔中華民國首都南京。由於南京正是蔣介石的大本營，中方在南京淪陷後已無妥協空間。此後戰爭逐漸陷入泥淖，這點大家應該都耳熟能詳。

日本當時打著「大東亞共榮圈」的旗號，擴展勢力至太平洋地區，其實質可視為「皇國化」的展現。這種「皇國化」與「王道樂土」、「五族協和」，以及與「大東亞共榮圈」並列提出的口號「八紘一宇」[2]密切相關。

自從日本成為「大日本帝國」以來，政府便向國民灌輸「皇國」的觀念，也就是由天皇統治的國家。「大東亞共榮圈」不僅僅是以武力征服他國，更以解放亞洲免於歐美帝國主義支配之名，試圖將「皇國」的體制擴展至整個亞洲。因此，日本在各地興建神社與日語學校，意圖將當地居民「皇民化」，也就是使其變成日本人。

然而，這樣的方針自然得不到任何國家的支持。儘管日本編造出「王道樂土」、「五族協和」、「八紘一宇」等五花八門的口號，這些口號都流於空泛，無法提供令人信服的合理說明。日本試圖將自身塑造成擁有特殊價值的存在，並將這種價值強加於他人，只會導致與亞洲各國對立。這種自以爲是的態度，最終也將「皇國」與「大日本帝國」一同推向崩解。

部分亞洲國家反而借助日本的壓力獲取利益，日本與日本人本身也蒙受巨大損失。基於這一點，也不乏爲戰前與戰中日本辯護或表達同情的聲音。然而，日本在國家認同與對亞洲他國的交往方式上，確實存在根本性的破綻，這一點無庸置疑。

2 編註：「八紘一宇」原爲日本佛教思想家田中智學於一九一〇年代提出的詞語，意指「以道義統合天下」，語源來自《日本書紀》中神武天皇建國神話的「八紘爲宇」。但至一九三〇年代後，此詞被日本政府與軍方轉化爲大東亞戰爭的核心口號，實質意涵爲以天皇爲中心，整合亞洲各國於「皇國」之下，合理化日本的對外侵略。一九四〇年起更納入官方《基本國策綱要》，成爲軍國主義與帝國意識形態的重要象徵。

■「一體化」的日本與「多元並存」的中國之衝突

接下來讓我們整理一下，日本究竟是從何時開始走錯了路。

如前所述，「大日本帝國」這個國名早在江戶時代末期就已經出現。起初，它的意思只是「擁有皇帝的國家」。但日本的情況較爲特殊，因爲當時存在兩位「皇帝」：一是天皇，另一是「大君」（即將軍）。若要效法西方建立現代民族國家、融入國際社會、推動文明開化，兩位元首並存顯然是一大障礙，也因此日本被迫在兩者之間做出選擇。

進入明治維新後，日本選擇以天皇爲唯一元首。前面提過的竹越與三郎，其代表作《新日本史》對此時代如此描述：

「當日本高聲宣告『國家在此』時，皇位立刻帶上政治性。大革命之後，皇位完全脫離了宗教與家族屬性，純然成為國家與人民的象徵。」

換句話說，原本僅具神主性質的天皇，在日本人民民族主義意識覺醒後，成爲具體的象徵。我們至少可以說，明治維新初期所謂「大日本帝國」中的「帝國」，指的就是「以天皇爲中心的一體化民族國家」。

相對而言，同一時期的清朝則是個多元並存的社會。各地社群與聚落各自生活，僅以鬆散的方式結合，因此難以形成凝聚力強的民族國家，也無法順利融入以西方爲主體的國際秩序。

相比之下，日本原本就是一個相對一體化的國家，因此雖身處亞洲，卻更容易適應現代化與國際規範。更重要的是，日本爲了追上西方拚命模仿，反而顯得格外順從，也更容易與清朝等東亞體制發生衝突。

若以福澤諭吉的口吻來說，「脫亞入歐」終於成爲國家方針，日本與東亞劃清界線。結果，在爭奪朝鮮半島地位的過程中矛盾爆發，最終演變爲日清戰爭。

若以後見之明來看，這場戰爭的勝利可能正是導致日本誤入歧途的關鍵。從此，日本不再滿足於列島內部的統合體制，而是大舉轉向「大陸國家」的方向，意圖成爲能夠統治朝鮮半島與中國大陸的帝國主義國家，蛻變爲所謂的「帝國日本」。這對日本列島來說，是前所未有的嘗試與冒險。

■「脫亞」與「脫歐」的矛盾

進入二十世紀後，隨著日本推動前述一連串的政策，「大日本帝國」／「帝國日本」最終走向了高喊「亞洲主義」、「王道樂土」、「八紘一宇」等口號的境地。

當時，西方的統治體系與國際秩序已走向極限，最能突顯這一點的，就是第一次世界大戰與其後爆發的經濟大蕭條。而社會主義革命則成為這些動盪的反動結果。

這股風潮也波及日本。馬克思主義，以及作為其前哨的社會主義思想廣泛傳播並逐漸壯大。最具代表性的，是身為記者的橘樸（圖8-4）。長期旅居中國的他，既是社會調查家，也曾被魯迅評為「比中國人更了解中國」。

圖 8-4｜橘樸

（出處）岡本，2018［b］。

橘樸提出「王道樂土」這一口號，正是因為對西方體制與現代文明深感失望，並企圖在「滿洲國」實現一種理想政體。經濟大蕭條的衝擊進一步加深了他對西方的絕望，也讓他成為「滿洲國」主要的意識形態推動者之一。

而戰後中國文學研究者竹內好則分析，過去的那場戰爭也具有反帝國主義的一面；他主張，要突破西式現代的困境，亞洲必須團結一致。

當時的日本，主觀上並非單純模仿西方帝國主義，而是朝著相反方向前進。可以說，日本在不知不覺中從「脫亞入歐」轉向「入亞脫歐」，進行了一百八十度的政策翻轉。

然而，日本本就是一個高度凝聚的國家。即使高舉「亞洲主義」與「王道」的口號，問題仍在於：是否真的有治理朝鮮半島與中國大陸這類深受福澤所批評的「儒教主義」體制影響地區的能力與經驗？

結果便是，日本雖「脫歐」，卻無法真正「入亞」，最終仍停留在「脫亞」的狀態。若無法融入任何一方，只能走向唯我獨尊的道路。這也導致「皇民化政策」的出現——只要讓所有人都變成日本人，就能順利統治。

最終，這場戰爭不僅使日本與中國等國的對外關係破裂，也象徵著日本對外身分的崩潰。早在戰前與戰時，日本就已逐步背離自己的歷史軌跡——既無法融入西方，也無法回歸亞洲。

反觀中國，則走上了完全相反的歷程。中國原本是以「華夷秩序」爲基礎的國家，社會結構呈多元共存、士庶分離的狀態，與講求官民一體的日本恰成對照。

但自二十世紀以來，隨著中華民國的成立，中國逐漸邁向民族國家的轉型。雖以日本爲效仿對象，但兩國的社會基礎迥異，因此改革過程困難重重。正如梁啓超所批評的，中國一方面高舉反帝國主義旗幟，另一方面卻缺乏與之相符的實際作爲；甚至因抗日運動反而重創自身經濟。

日本在脫亞與脫歐的過程中迷失了身分，最終走上戰爭之路；中國則在民族主義與社會結構的錯位下應戰。儘管雙方的方向相反，卻同樣內含深層矛盾。正因如此，中日最終無可避免地走向衝突，而無論勝敗，兩國都不得不共同面對慘烈的戰後局面——這正是歷史進程所種下的因果。

「民族帝國」論眞的適用日本嗎？

歷史學者、政治學者山室信一曾以「民族帝國」論，概括從明治「開國」到「大東亞共榮圈」的「大日本帝國」發展歷程。

依此觀點，一個民族國家（nation state）若要長久存續，勢必得轉型爲能夠統治其他地區的「帝國」，本身便內含這種矛盾。這也是西洋史上「民族帝國」論的基本構想。照理說，民族國家應該是「一個民族，一個國家」，但實際歷史上從未存在這樣的純粹形態。相反地，民族國家通常是透過在本國之外建立殖民地，才得以形成與鞏固。

其中確實有其合理性：本土之外的殖民地可以成爲地緣政治上的緩衝區，同時帶來經濟利益，從而穩定本國的政治與經濟運作，進一步促成民族國家的成形。

從這個角度觀察日本，確實可說日本也走上了「民族帝國」之路。自一八九五年在日清戰爭中取得台灣以來，便開始效法西方擴張殖民地，進而提出「大東亞共榮圈」的構想。爲了實現這個構想，也嘗試透過法律制度進行整合。借用山室老師的說法，這等於是要將「異法域」的殖民地轉變爲「同一法域」，這正是現代日本追求西化的具體體現。

然而這套制度並未成功。日本所推行的法律與殖民地原有的法規與風俗習慣並不相容，反而引起當地人民的強烈反彈。山室老師也指出，正是這樣的殖民地治理失敗，使得日本在邁向「民族帝國」的道路上受阻，最終無法成爲穩固的民族國家。這是一種既淸楚又令人信服的說明。

不過，筆者認爲事情不僅止於此。如前所述，日本從未擁有殖民地的江戶時代開始，本身就是一個內聚型的「封閉系統」，基本上具備轉型爲「一國一制」民族國家的基礎。雖然有觀點認爲蝦夷與琉球屬於殖民地，但與明治以後朝鮮半島與中國大陸的殖民化明顯不同。因此，日本在某個時點已經偏離了西洋「民族帝國」的軌道，開始走上具有自身特色的路徑。

其後，日本雖模仿西方建立殖民地，在形式上成爲「民族帝國」，但由於日本原本就是列島國家，一體性極強，對殖民地的治理感到困難。而且其殖民地多屬於多元共存的亞洲社會，無論政治、經濟或社會結構皆與日本本土截然不同。若以法律作爲治理手段，在談「法域」之前，恐怕就得先面對雙方對「法律」本身概念的差異。因此，日本原有的一體化思維並不適用於殖民地。至少可以說，當時的日本並未眞正掌握治理殖民地的知識與經驗。

在這種情況下爆發戰爭後，日本便採取強制手段，試圖將殖民地納入整體，推動「皇民化」政策，也就是將當地人日本人化。然而這種勉強的一體化手段也未奏效，最終導致敗戰，「帝國日本」因此瓦解。

所以我們應當關注的，不只是「民族國家」是否等同於「民族帝國」這類西方理論，更應該注意日本本身的一體化特質，與其所殖民的亞洲地區多元共存結構之間的根本落差。筆者認爲，正是日本忽略了這點，才使得現代日本走上悲劇命運。換句話說，日本之所以遭受歷史的反噬，正是因爲對自身與東亞歷史的無知。

結論
對當代的展望

現代への展望

■「帝國」的興亡

本書的主旨在於從廣闊的中國史與世界史脈絡中，有條理地重新檢視日本及其歷史。不過回顧下來，筆者發現自己特別著重於江戶時代到現代這段期間。這或許與筆者的研究領域為現代亞洲史有關，但更重要的是，這段時期直接影響了今日日本的定位，因此特別值得關注與理解。

若要以一句話形容日本從江戶到現代在世界中的定位，「大日本帝國」這個稱呼可說足以涵蓋其核心特徵。江戶時代末期，日本人對外自稱「帝國」，對內則稱為「皇國」。但當時所謂的「帝國」，其實只是強調日本人內部的凝聚力，是「以天皇為中心的一體化民族國家」這樣的意涵，並非一般所理解的帝國主義或帝國論所指涉的「帝國」。

進入現代後，這一名稱雖然被延續，但其規模與內涵卻發生了根本變化。日本意外在日清戰爭與日俄戰爭中獲勝，於是逐步轉型為「帝國日本」——也就是從列島本身出發，進而將朝鮮半島殖民化，並在中國大陸獲取龐大權益，成為名副其實的「帝國」。這對日本而言是史無前例的局面，因此日本人不得不面對與既有歷史背道而馳的自我轉型，承受巨大的壓力，也連帶讓許多外國人被捲入其中。

在不斷堆積的矛盾與試錯中，最終爆發了前述的日中戰爭與太平洋戰爭。衆所周知，這兩場戰爭的敗北使「帝國日本」遭遇挫敗，進而導致「大日本帝國」的瓦解與終結。

戰後，雖然以「象徵天皇制」的形式，英語中的「Emperor」一詞仍繼續存在，但日本徹底放下過去，不再自稱「帝國」或「皇國」，而是以「日本國」的身分重新出發。若以全球通行的語言來說，日本轉型爲「立憲君主制」國家，並延續至今。

從「帝國日本」轉變爲「日本國」，其實就是回歸到由日本人自身所構成的凝聚型結構——也就是所謂的民族國家。換句話說，是回到了「大日本帝國」出現之前的原點。這也可以視爲一次面向內部與外部的眞正本質的回歸。

從「皇帝」到「象徵天皇」

上述改變的象徵之一，就是天皇或主權者的存在意義，也可以說是國內中央權力結構的變化。直到江戶時代以前，日本始終存在朝廷的天皇與幕府的將軍這兩位君主。當時的外國人釐清這一體制後，將天皇視爲「宗教上的皇帝」，而將軍則被認爲是「世俗上的皇帝」。也就是說，天皇是崇高純潔、不涉實務的象徵性權威，而將軍則是負責所有「凡俗之事」的實際統治者。

不過，這種情況並不限於江戶時代。從武士時代起便有此體制，若再追溯到更早的平安時代，已有攝關政治的存在；甚至在那之前，也常由天皇以外的人掌政。可以說，這是一種深植於日本傳統與歷史本質的統治結構。

然而，自現代的「大日本帝國」與「帝國日本」開始，天皇被明確地塑造成類似西洋語境中「皇帝」（Emperor）的角色，被推舉爲統一的主權者。這在日本歷史中顯得格外異質，是一種極爲勉強的體制建構。果不其然，這樣的安排引發了如統帥權等結構性問題，最終也導致日本走向敗亡。

戰後，天皇的地位重新被定義爲「象徵」，並與政治實務劃清界線。這也可以視爲某種程度上回歸至江戶時代以前的統治結構。

那麼，「象徵」究竟是什麼？其實從當時至今，日本社會對此始終沒有明確的答案。因此，天皇與負責實際政治、處理「俗務」的領導者之間的關係也一直模糊不清。近年關於女性天皇或女系繼承的爭論遲遲無法定論，恐怕也是因爲這個「象徵」的定位未曾清楚確立。

儘管如此，這樣的模糊或許也有其正面意義。戰後日本在天皇與政治領袖的雙重架構下，得以穩定運作。甚至可以說，正因爲「象徵」的意涵未被明確限定，兩者地位雖不穩定，整體體制反而維持了持久的平衡。

從歷史來看也能發現同樣的特徵。無論是攝關政治還是朝幕體制，日本歷來幾乎沒有出現天皇與政治領袖之間明確分工的實例。這大概正是日本歷史（包括現代史）所特有，而在他國歷史中罕見的現象。

不過，若對這種模糊缺乏自覺，就可能看不清整體架構，陷入種種弊端。因此，我們更應清楚意識到這段曖昧歷史所帶來的好處與壞處，並在此基礎上，追求現實與整體的穩定。

回歸「崇尚舶來品」的本質

另一項具有象徵性的回歸，是對「高級舶來品」的認知、思想與行爲模式。

從日清、日俄戰爭，到第二次世界大戰的戰前與戰中這段期間，日本普遍出現蔑視中國的風潮，與此同時，「皇國史觀」成爲絕對的意識形態，「鬼畜美英」也成爲官方口號，強調日本是「神之國」，完全否定中國、英美等外國價值觀。不過，這種姿態其實與日本的歷史脈絡背道而馳，對日本而言，這是一種不切實際的強行安排，最終也只是曇花一現。

事實上，從日本語的書寫系統就可見一斑。漢字、片假名、平假名，甚至羅馬字與外來語的混用，都象徵著日本歷來對外來事物的崇拜與積極在地化的努力。透過吸收與轉化外來文化，日本歷史上得以穩定發展。戰後迅速放下對中國的蔑視與「鬼畜美英」的口號，也正是回歸這種本來面貌。

特別是中國，自古以來一直是日本所崇敬的大國，甚至可說是日本人心中的「世界」。這樣的觀點在江戶時代出現轉變，日本人開始有了「日本人」的自覺，國學興起、重視日本自身的思想抬頭。然而，這種轉變其實也是來自西方文化、如蘭學的流入，作爲對中國文化的對抗軸線。在這樣的衝擊下，日本才開始轉向關注自身文化與社會。

這種從中國轉向西洋的文化路徑，自江戶時代以來可說延續至今。最具體的例證，是現行教育課程的變化。明治、大正時期之前，學校中有大量的漢文課程；然而隨後逐漸減少，日本人對漢字與漢文的素養也急遽流失，如今幾乎成爲瀕危能力。取而代之的是大量增加的英語課程。

然而，就「吸收外來文化並在地化」這一點來看，方向雖變，本質卻未曾改變。簡單來說，不過是從直書的漢字，轉爲橫書的羅馬字母；從中國轉向歐洲、再轉向美國而已。換句話說，「舶來品比較高級」的思想與行動，自始至終一脈相承。

現今人人使用電腦與智慧型手機，甚至片刻不離身，這樣的生活狀態正是「舶來品」在地化的極致展現。對這種外來技術毫無違和感，甚至搶先採用才感到安心，正是日本人獨特的心理特徵。

儘管有人認爲今日的日本已被世界最先端拋在後頭，這在短期內或許不無道理，但若從歷史角度來看，眞正能有效吸收並轉化「高級舶來品」的國家，其實唯有日本。其他國家，尤其東亞各國，是在二十世紀之後才開始模仿日本的「崇尚舶來品」，好不容易才趕上世界潮流。而日本至今依然保有吸收外來文化的行動模式。

過去的日本就像是一塊海綿，貪婪地吸收漢字文化與美國文化；而現代的日本，則成爲領先全球的國家之一，率先將先進的科學技術與文明成果納爲己用。從行爲模式來看，過去與現在的日本其實沒有太大差異。更準確地說，正因爲現代曾有一段時間壓抑對外來文化的渴望，戰後才反而變得更加迫切地吸收外來的知識與學問，直到近年這股渴望才逐漸趨緩。

如果說戰後的日本歷經高度經濟成長、昭和末期的泡沫經濟、平成時代的通縮與不景氣，卻仍有某種一貫的歷史軌跡，那或許正是日本人逐步回歸自身歷史本質的過程。無論未來歷史如何發展，這樣的姿態與心性恐怕也不會改變。

「帝國」的影響至今仍在

不過，即使日本國內再怎麼希望回到近世以前那種安定的歷史階段，國際社會也未必會輕易接受。因爲現代的「帝國日本」不只帶給日本國內災難，更讓鄰近的中國、朝鮮半島，以及其他亞洲各國蒙受巨大苦難與創傷。

這些創傷至今仍未癒合，甚至成爲現今中國大陸與朝鮮半島國家體制或政權正當性的基礎之一。因此作爲代價，日本至今仍不斷承受來自這些國家的壓力，而這或許正是當代日本在東亞所處的基本立場。

這不只是關於戰爭造成多大傷亡的問題，更重要的是，在戰前，日本將民族國家的體制與治理經驗，輸入原本並不以民族國家爲運作基礎、而是各自擁有獨立系統的大陸與半島地區，這樣的引入本身就造成長遠影響，直到今日仍餘波盪漾。

以中國爲例，正如本書第八章所述，普遍認爲推翻清朝、建立中華民國的辛亥革命深受日本影響。這場革命不僅意味著一個王朝的終結，更是中國兩千年皇帝體制的告終、整個國家體制的轉變，同時也成爲國民對民族主義開始覺醒的契機。

然而，如此劇烈的變革也帶來極大的混亂。就像當時的日本勉強推進「現代化」與「帝國化」導致體制負荷過重一樣，中國也因引入不合時宜的制度而陷入不穩定。

再加上日本同時進行殖民支配、爭奪在華利益，更加劇了局勢的惡化。中文所謂的「帝國主義」，不僅指西方歷史與經濟上的概念，更泛指一切「對自身構成威脅的存在」，而日本在中國眼中，正是這類帝國主義的典型。

日本那種高度凝聚卻又對外急速擴張的歷程，是自日清戰爭以降直到「終戰」前的日本現代史；而中國那種由多元雜沓的社會被迫轉變爲單一民族國家的路徑，則是二十世紀中國歷史的主軸。雙方的「不合時宜」相互碰撞，引發對立、戰爭，最終種下持續至今的中日矛盾與對立的根源。

■ 中日關係的十字架

如果日本不存在，當時的中國即使與西方再怎麼交涉或發生戰爭，恐怕也難以眞正理解民族國家的意涵，也不會試圖轉型爲主權國家。若這種推論成立，那麼之後的中國共產黨，乃至今日的中華人民共和國，也就不會出現。

在中國共產黨成立一百週年的紀念典禮上，國家主席習近平曾表示「中華民族的偉大復興是不可逆的」，這句話引起了廣泛討論。換句話說，所謂的「復興」尙未完成，作爲民族國家的中國，也仍未臻於完善。

正因爲日本的存在，才有今日中國的體制。這是歷史的事實，也是一種日本人今後必須背負的歷史十字架。

年輕時，筆者曾聽年長的老師教誨說：「日本對中國造成的傷害，必須不斷償還；日本人研究中國，就是基於這份歷史責任。」當時筆者覺得這種說法不太公平，也曾感到反感。

但如今回頭看，日本確實對中國造成了深遠的影響。雖然日本人並非有意要改變中國體制，中國人也未必希望被日本改變，然而歷史發展就是如此，這樣的變局無可避免。更重要的是，這一切發生在雙方敵對的局勢下，構成了中日歷史的悲劇。

我們必須正視這段歷史，作爲與中國建立關係的前提。當然，對於無端的誹謗與壓力，日本無須屈服，對於國家利益也不必讓步。但爲什麼會經兵戎相見？爲什麼至今仍然對立？這些問題必須認清。否則，雙方之間的裂痕只會不斷擴大。觀察近來兩國的發展，更讓人深感此點的重要性。

■韓國的「日本觀」

至於韓國的情況也相似，日本同樣將民族國家的概念強加於韓國。從日本將韓國殖民化這點來看，可以說在韓國留下了更深遠的禍根。不過，這並非朝鮮半島人民所願，當然也不是日本人刻意所求，而是歷史發展的必然結果。

然而，中國大陸與朝鮮半島對日本的觀感仍有些差異。中國人常說「讓中國受害的是日本的一部分菁英階層」，這某種程度上可視爲其社會結構的投射。中國社會本就存在菁英與庶民的落差，因此將這種模式套用在日本身上，便傾向認爲錯的是軍部與執政者，與日本民衆無關。然而事實並非如此，當時的日本社會其實是團結一致地進行對中國的「侵略」，這反映出日本政治與社會的凝聚結構。

相對地，在韓國，除了少數所謂的「有良知的日本人」之外，日本整體被視爲殘酷無道的加害者。無論是菁英階層、一般民衆，甚至與韓國有深厚交流的對馬島居民，都被視爲在道義上沒有分別、同樣可憎。這樣的觀點並非始於今日，早在數百年前便已形成，正是韓國對自身歷史秩序與世界觀的反映。朝鮮半島自認爲是「小中華」、「東方禮儀之邦」，自詡在道德與倫理上優越，而日本作爲島國，則被視爲粗野野蠻、靠武力加害他人。這樣的歷史觀與秩序體系自然無法與「帝國日本」的擴張相容，最終導致了朝鮮半島的殖民化。

更何況，朝鮮半島至今仍處於南北分裂的「分裂國家」狀態，尚未完成作爲民族國家的建構，這也被視爲當年日本殖民統治所帶來的後果。對許多日本人來說，這樣的指責或許聽來荒謬，彷彿無理取鬧，但也可以說，正是「帝國日本」當年所強行推行的體制與政策，終於導致了這樣的歷史結局。

何謂東亞的穩定？

不管是中國還是韓國，若說它們的民族國家尚未完全建構，那麼朝著完成民族國家的方向努力，也就理所當然。至於日本，則如前所述，反而試圖回歸近世以前的安定秩序，尋求安身立命的安穩生活。由於雙方的發展方向截然不同，產生摩擦與糾紛幾乎是無可避免的。

最典型的爭端，莫過於尖閣群島（釣魚台）與竹島（獨島）等領土問題，但爭議遠不止於此。大家也都知道，三國之間不只在歷史議題上，還存在各式大小不一的對立與爭執。有時會覺得被迫接受不合理的要求，有時也對對方的行動感到不安或威脅。

但若追本溯源，這些問題的根本在於，日本當初勉力從「大日本帝國」轉型爲「帝國日本」，並因此帶動中韓一併走上民族國家建構之路，結果造成諸多不自然與矛盾。從歷史角度看，這正是日本人自己播下的種子，我們不該忘記這一點。

如果追溯至更久遠的時代，其實大陸、半島與日本列島之間，幾乎沒有眞正的蜜月期。彼此保持若即若離的距離時最爲穩定，一旦過度親近，就容易招致傷害，歷史中早已反覆上演這樣的模式。

若是問現狀又如何呢？中韓與日本之間的關係固然難稱融洽，但也尚未陷入無可挽回的衝突或對抗。就某種意義上來說，這反而是歷史常態的回歸。正因如此，我們更需要重新理解這段歷史。

如今在書店與網路上，常可見「反中」、「仇韓」等言論。這些言論中有些不無道理，但作爲歷史學者，筆者無法完全認同這樣的論調。畢竟，若只是反覆發出近似謾罵與惡意批評的聲音，實在毫無建設性。

在此之前，更重要的是釐清歷史脈絡，重新審視眼前的現實，努力做到對自己與他者的客觀理解，並不厭其煩地表達與說明。未來日本與中國、韓國的關係恐怕依然難以親密，畢竟雙方的世界觀與社會結構存在巨大差異，理解彼此實非易事，而這種隔閡本就根植於漫長的歷史之中。這也正是我們從東洋史的視角，重新看見的日本史與現代日本的處境，若能以這樣的認識來回望自身，那或許才是值得追求的開始。

後記

爲什麼要出這本書？

疑問、責備、傻眼，我似乎聽到了這些聲音。啊，說不定是自己內心深處的聲音，因爲我隱約如此自覺。

我是公認的東洋史學者，理論上既無義務也無能力涉入日本史學。不過，我仍然偶爾會寫些相關文章，而每次寫完，心中總會泛起某種「勉強了自己」或「不太對勁」的感覺。這本書正是在這種複雜心情下誕生的作品，但它的誕生也有其具體的來龍去脈與動機。

東洋史學對當代日本人而言其實相當陌生。連我所預設的基本常識都難以成立，若只是直接闡述內容，實在很難讓讀者理解、接受。因此，不論是口頭說明還是書面敘述，我都不得不借助與日本相關的譬喻或比較。

若從學術角度看，也許會有人批評這樣的比喻過於簡化。但事實上，日本歷史學本身不也正是將「國民」、「文明」、「資本主義」、「民主主義」等現代西方的歷史術語，透過漢語翻譯與譬喻所建構出的概念體系嗎？無論程度深淺、是否情願，比較與對照幾乎是不可避免的。

正因我對日本史學並不熟悉，反而更有必要認眞學習日本的歷史。更何況，身爲一位在日本的歷史學者，了解本國歷史是基本條件，我也自認做過不少努力。

因此，不只是在課堂與演講中，我在著作中也嘗試運用與日本史有關的譬喻與比較，希望藉此擴展與深化大衆對東洋史學的理解。雖有些許愧疚，但我始終認爲這是必要且無法省略的工作。

當初注意到我這類寫作嘗試的人，是東洋經濟新報社的岡田光司先生。在合作過程中，他讀了我那本觸及日本史的拙著，提議我們一起來做一本與以往不同風格的日本史書籍。

在解說東洋史時，若只是偶爾援引日本史作爲輔助倒還可以，但要以日本史爲主體進行討論與寫作，我自認實在沒有那樣的能力。不過，在我已出版的拙著中，仍有不少未盡之言，也希望能藉此機會加以補充。

就在我猶豫不決時，岡田先生建議我只要延續原有立場，把日本當成主語來寫就好。最後，我被他一貫熱情的邀約所打動，決定試著寫寫看。不只是補足前作，也是重新整理自己對日本史、本國史看法的難得機會，於是我鼓起勇氣，克服內心的遲疑。

新冠疫情爆發後，我自行摸索寫作的方向，也分成五、六次於線上報告內容，最終總算將其集結成冊。我要向在這段過程中給予我莫大協助的編輯岡田光司先生與島田榮昭先生，以及協助審稿的根無新太郎先生，致上深深的感謝。

現在回顧整個過程，這本書與前一本作品同樣由同一批成員、以同樣方式完成，因而態度與目的也與前著如出一轍。雖以學術爲基礎，但並不拘泥於最新學說或學界定論，而是以最直接、最易理解的方式，呈現自己所能信服、也能有效傳達的歷史觀。對於一個非專門研究日本史的學者而言，這樣的試論方式或許才最合適。只要是日本人，不論是誰都應該對日本史懷有親近感，也都有權參與討論。在這樣的前提下，我也擁有同樣的條件與資格。若這本我懷著一點愧疚卻充滿樂趣撰寫的書，能讓讀者也讀得愉快，那我將無憾於心。

以下是我在前一本書的「後記」中寫過的話：

> 我們很容易將「中國」視為一個從古至今貫徹同一套邏輯的國家。不過我們生活其中的當代，也不過是漫長歷史長河中的一個階段。現在我們口中的「中國」，也只是世界史的一部分，還在不停的變化。這些都是正常的現象。儘管如此，我們應該改掉一不小心就將中國或東亞的歷史從世界切割開來思考的盲點。

若將上述話語中的「中國」、「東亞」換成「日本」，也完全說得通。因此，本書可視爲前作[1]的姊妹篇。出版社替本書取的書名（指日文版書名《中国史とつなげて学ぶ日本全史》，直譯爲《連結中國史學習日本史》），自然也承襲了前著的形式。

即使是容貌一模一樣的姊妹，在性格與言行上截然不同，也是常見之事。雖然本書延續了「連結而學習／全史」系列的書名，但正如各位讀者所見，中日兩國在歷史上所走的道路卻大相逕庭。我相信，讀者在翻閱本書的過程中，已能充分感受到這一點。若本書能成爲引發大家重新思索「日本究竟是一個怎樣的國家」的契機，對我而言，將是意料之外的喜悅。

二〇二一年八月，於無送火的賀茂川畔

岡本隆司

1 編註：前作《世界史とつなげて学ぶ 中国全史》繁體中文版由臺灣商務印書館出版，書名爲《歷史學家寫給所有人的中國史》。

參考文獻

作者挑選了幾本較容易閱讀的書籍，同時也收錄部分史料、學術書與論文，因爲內文曾提及或引用，無法省略。至於再版的舊書，也特別註明其初版年份。

荒野泰典『近世日本と東アジア』東京大学出版会、一九八八年──『「鎖国」を見直す』岩波現代文庫、二〇一九年

石川禎浩『シリーズ中国近現代史③ 革命とナショナリズム一九二五─一九四五』岩波新書、二〇一〇年

石母田正『中世的世界の形成』岩波文庫、一九八五年（初刊は一九四六年）

岩井茂樹『朝貢・海禁・互市─近世東アジアの貿易と秩序』名古屋大学出版会、二〇二〇年

上杉和央『江戸知識人と地図』京都大学学術出版会、二〇一〇年

內田星美「江戸時代の資源自給システム試論」『東京経済大学人文自然科学論集』第61号、一九八二年

梅棹忠夫『文明の生態史観』中公文庫、一九七四年
大石慎三郎『江戸時代』中公新書、一九七七年
——『将軍と側用人の政治』新書・江戸時代①、講談社現代新書、一九九五年
オールコック著／山口光朔訳『大君の都―幕末日本滞在記』岩波文庫、一九六二年
岡田英弘『倭国―東アジア世界の中で』中公新書、一九七七年
——『日本史の誕生―千三百年前の外圧が日本を作った』ちくま文庫、二〇〇八年
岡本隆司『世界のなかの日清韓関係史―交隣と属国、自主と独立』講談社選書メチエ、二〇〇八年
——『李鴻章―東アジアの近代』岩波新書、二〇一一年
——『ラザフォード・オルコック―東アジアと大英帝国』ウェッジ選書、二〇一二年
——『近代中国史』ちくま新書、二〇一三年
——『日中関係史―「政冷経熱」の千五百年』ＰＨＰ新書、二〇一五年
——『袁世凱―現代中国の出発』岩波新書、二〇一五年

――『清朝の興亡と中華のゆくえ―朝鮮出兵から日露戦争へ』叢書「東アジアの近現代史」第一巻、講談社、二〇一七年
――『世界史序說―アジア史から一望する』ちくま新書、二〇一八年［a］
――『近代日本の中国観―石橋湛山・內藤湖南から谷川道雄まで』講談社選書メチエ、二〇一八年［b］
――『世界史とつなげて学ぶ中国全史』東洋経済新報社、二〇一九年［a］
――『君主号の世界史』新潮新書、二〇一九年［b］
――『増補 中国「反日」の源流』ちくま学芸文庫、二〇一九年［c］
――編『中国経済史』名古屋大学出版会、二〇一三年
――編『交隣と東アジア』名古屋大学出版会、二〇二一年
川勝平太『日本文明と近代西洋―「鎖国」再考』NHKブックス、一九九一年
河上麻由子『古代日中関係史―倭の五王から遣唐使以降まで』中公新書、二〇一九年
岸本美緒『東アジアの「近世」』世界史リブレット、山川出版社、一九九八年
――『地域社会論再考―明清史論集2』研文出版・研文選書、二〇一二年

鬼頭宏『人口から読む日本の歴史』講談社学術文庫、二〇〇〇年
――『文明としての江戸システム』日本の歴史19、講談社学術文庫、二〇一〇年
小堀桂一郎『鎖国の思想―ケンペルの世界史的使命』中公新書、一九七四年
齋藤希史『漢文脈と近代日本』角川ソフィア文庫、二〇一四年
佐久間重男『日明関係史の研究』吉川弘文館、一九九二年
桜井邦朋『太陽黒点が語る文明史―「小氷河期」と近代の成立』中公新書、一九八七年
杉山正明『モンゴル帝国の興亡』講談社現代新書、一九九六年
――『クビライの挑戦―モンゴルによる世界史の大転回』講談社学術文庫、二〇一〇年
――『遊牧民から見た世界史―民族も国境もこえて』増補版、日経ビジネス人文庫、二〇一一年
妹尾達彦『長安の都市計画』講談社選書メチエ、二〇〇一年
――『グローバル・ヒストリー』中央大学出版部、二〇一八年
高橋富雄『征夷大将軍―もう一つの国家主権』中公新書、一九八七年
高橋昌明『京都〈千年の都〉の歴史』岩波新書、二〇一四年

竹越与三郎著／西田毅校注『新日本史』岩波文庫、二〇〇五年（初刊は一八九一・九二年）
――著／中村哲校閲『二千五百年史』新装版、講談社学術文庫、一九九〇年（初刊は一八九六年）
檀上寛『永楽帝―華夷秩序の完成』講談社学術文庫、二〇一二年
――『明代海禁＝朝貢システムと華夷秩序』京都大学学術出版会、二〇一三年
陳徳仁・安井三吉『孫文と神戸』シリーズ兵庫の歴史3、神戸新聞出版センター、一九八五年
辻本雅史『教育を「江戸」から考える―学び・身體・メディア』NHK出版、二〇〇九年
角山栄『「通商国家」日本の情報戦略―領事報告をよむ』NHKブックス、一九八八年
內藤湖南『日本文化史研究』講談社学術文庫、一九七六年（初刊は一九二四年）
――著／礪波護編『東洋文化史』中公クラシックス、二〇〇四年
永井晋『北条高時と金沢貞顕―やさしさがもたらした鎌倉幕府滅亡』日本史リブレット人、山川出版社、二〇〇九年
狹間直樹『梁啓超―東アジア文明史の転換』岩波現代全書、二〇一六年

原勝郎『日本中世史』創元社、一九三九年
——『東山時代に於ける一縉紳の生活』講談社学術文庫、一九七八年（初刊は一九一七年）
福沢諭吉『西洋事情』初編、一八六六年、『福沢諭吉全集 第一巻』慶應義塾編、岩波書店、一九六九年、収録
——「脱亜論」一八八五年三月一六日、『福沢諭吉選集 第七巻』福沢諭吉著作編纂会編、岩波書店、一九五二年、収録
藤田覚『幕末の天皇』講談社学術文庫、二〇一三年
本田實信『モンゴル時代史研究』東京大学出版会、一九九一年
松本和也『イエズス会がみた「日本国王」—天皇・将軍・信長・秀吉』歴史文化ライブラリー、吉川弘文館、二〇二〇年
水本邦彦『徳川の国家デザイン』全集「日本の歴史」第10巻、小学館、二〇〇八年
——『村—百姓たちの近世』シリーズ日本近世史②、岩波新書、二〇一五年
宮崎市定『中国古代史論』平凡社選書、一九八八年
——『中国史』岩波文庫、二〇一五年

陸奥宗光著／中塚明校注『新訂 蹇蹇録—日清戦争外交秘録』岩波文庫、一九八三年
村井章介『中世倭人伝』岩波新書、一九九三年
桃木至朗編『海域アジア史研究入門』岩波書店、二〇〇八年
森時彦『中国近代綿業史の研究』京都大学学術出版会、二〇〇一年
森田吉彦「日清関係の転換と日清修好条規」岡本隆司・川島眞編『中国近代外交の胎動』東京大学出版会、二〇〇九年、収録
山崎正和『室町記』朝日選書、一九七六年
山路愛山『源頼朝』平凡社・東洋文庫、一九八七年（初刊は一九〇九年）
山室信一「『国民帝国』論の射程」山本有造編『帝国の研究—原理・類型・関係』名古屋大学出版会、二〇〇三年、収録
梁啓超著／岡本隆司・石川禎浩・高嶋航編訳『梁啓超文集』岩波文庫、二〇二〇年
渡辺浩『東アジアの王権と思想』増補新装版、東京大学出版会、二〇一六年

歷史・世界史

歷史學家寫給所有人的日本史

從中國影響到亞洲視野，跨國視角下的日本史

中国史とつなげて学ぶ日本全史

作　　者　岡本隆司
譯　　者　許郁文
發 行 人　王春申
選書顧問　陳建守、黃國珍
總 編 輯　王春申
責任編輯　丁奕岑
特約編輯　涂育誠
封面設計　兒日設計
版型設計　洪志杰
業　　務　王建棠
資訊行銷　劉艾琳、孫若屏
出版發行　臺灣商務印書館股份有限公司
23141 新北市新店區民權路 108-3 號 5 樓（同門市地址）
電話：（02）8667-3712　傳真：（02）8667-3709
讀者服務專線：0800056196　郵政劃撥：0000165-1
E-mail：ecptw@cptw.com.tw　官方網站：www.cptw.com.tw
Facebook：facebook.com/ecptw

局版北市業字第 993 號
初版：2025 年 8 月
印刷廠：鴻霖印刷傳媒股份有限公司
定價：新臺幣 480 元

國家圖書館出版品預行編目（CIP）資料

歷史學家寫給所有人的日本史：從中國影響到亞洲視野，跨國視角下的日本史/岡本隆司著；許郁文譯. -- 初版. -- 新北市：臺灣商務印書館股份有限公司, 2025.08
面；　公分. -- (歷史.世界史)
譯自：中国史とつなげて学ぶ日本全史
ISBN 978-957-05-3636-2(平裝)

1.CST: 日本史 2.CST: 東亞史

731.1　114009339